# 从脱贫攻坚
# 走向乡村振兴

于 德著

中共中央党校出版社

**图书在版编目（CIP）数据**

从脱贫攻坚走向乡村振兴/于德著．--北京：中共中央党校出版社，2021.5（2022.5 重印）

ISBN 978-7-5035-7004-9

Ⅰ.①从…　Ⅱ.①于…　Ⅲ.①扶贫-研究-中国　Ⅳ.①F126

中国版本图书馆 CIP 数据核字（2021）第 029985 号

**从脱贫攻坚走向乡村振兴**

---

**策划统筹**　任丽娜
**责任编辑**　牛琴琴
**责任印制**　陈梦楠
**责任校对**　魏学静
**出版发行**　中共中央党校出版社
**地　　址**　北京市海淀区长春桥路 6 号
**电　　话**　（010）68922815（总编室）　（010）68922233（发行部）
**传　　真**　（010）68922814
**经　　销**　全国新华书店
**印　　刷**　中煤（北京）印务有限公司
**开　　本**　700 毫米×1000 毫米　1/16
**字　　数**　120 千字
**印　　张**　12
**版　　次**　2021 年 5 月第 1 版　2022 年 5 月第 2 次印刷
**定　　价**　52.00 元

---

**微 信** ID：中共中央党校出版社　**邮　箱：** zydxcbs2018@163.com

---

# 前　言

贫困问题是一个历史性命题，也是一个世界性难题。古今中外、东西南北，概莫能外。反贫困始终是古今中外治国安邦的一件大事。摆脱贫穷，是世界各国的共同行动和共同任务；消除贫困，共同发展，始终是全人类的共同目标和美好愿望。中国作为世界大家庭中的一员，是全球最大的发展中国家，也是贫困人口数量较多的国家之一。摆脱贫困，成了中国人民孜孜以求的梦想，也是实现中华民族伟大复兴中国梦的重要内容。新中国成立后，反贫困始终是中国共产党和中国政府高度关注、认真对待和着力解决的大事要事难事，也是地方各级政府及相关部门的重要工作内容。在长期的反贫困实践探索和理论总结中，我国根据经济社会发展水平不断调整反贫困政策措施，积极探索反贫困新举措新路径新模式，逐步加大反贫困投入力度，走出了一条符合中国现实国情、彰显中国制度优势、减贫脱贫成效明显的中国特色扶贫开发道路。

成就已属过去，奋斗接续未来。习近平总书记指出，要接续推进全面脱贫与乡村振兴有效衔接，脱贫摘帽不是终点，而是新生活、新奋斗的起点。要针对主要矛盾的变化，理清工作思路，推动减贫战略和工作体系平稳转型，统筹纳入乡村振兴战略，建立长短结合、标本兼治的体制机制。打赢脱贫攻坚战、全面建成小康社会后，在巩固拓展脱贫攻坚成果的基础上，做好乡村振兴这篇大文章，接续推进脱贫地区发展和群众生活改善，这关系到构建以国内大循环为主体、国内国际双循环相互促进的新发展格局，关系到全面建设社会主义现代化国家全局和实现第二个百年奋斗目标。因此，围绕巩固拓展脱贫攻坚成果与乡村振兴有效衔接这一重要时代课题，在领导体制、工作体系、发展规划、政策举措、考核机制等方面落实着力，加快推进脱贫地区乡村产业、人才、文化、生态、组织等全面振兴，是新时代实施乡村振兴战略、做好“三农”工作的重点任务、重大部署和重要抓手。

# 目 录

# 第一章　新时代脱贫攻坚的特点特征

## 第一节　新时代脱贫攻坚的重要特点

脱贫攻坚战取得的历史性成就表明，新时代脱贫攻坚具有严密的逻辑思维和执行体系，具有强烈的针对性、社会性、现实性和实践性，是指导我国扶贫开发工作的根本实践指南，具有鲜明的实践特征、实践特点和实践特色。

### 一、从执政为民的本质属性推动“真扶贫、扶真贫、真脱贫”

习近平总书记指出，精准扶贫工作必须务实、脱贫过程必须扎实、脱贫结果必须真实，严格做到“真扶贫、扶真贫、真脱贫”，从执政为民的宗旨意识来认识精准扶贫精准脱贫，如期按时向全国人民特别是贫困人口兑现全面建成小康社会的庄严承诺。从现实来看，我国贫困人口多分布在自然环境恶劣的老少边山岛地区，致贫因素复杂多样且根深蒂固，实现如期脱贫并和全国人民一道迈入全面建成小康社会，时间紧、任务重、难度大，必须有“铁杵磨成针”的恒心韧劲和“织女绣花”的细心功夫，按照“扶贫对象精准、项目安排精准、资金使用精准、措施到户精准、因村派人精准、脱贫成效精准”标准和要求，因地制宜，因人施策，在工作实践中“真扶贫、扶真贫、真脱贫”，切实防止形式主义，让脱贫成果获得群众认可、经得起实践检验。如果精准扶贫精准脱贫不到位，搞层层加码，搞形式主义，导致虚假脱贫、数字脱贫、表面脱贫、形象脱贫，群众就会不满意，就会对党和政府失去信任，就会影响党执政用权的公信力，甚至陷入所谓“塔西佗陷阱”。因此，习近平总书记关于“三真”“三个必须”的重要论述，实质上是对精准扶贫精准脱贫工作部署安排的动员令、宣言书和指南针，必须不折不扣地执行、落实和完成。

## 二、从农业农村发展的历史趋势实施“大农业、大农合、大农政”

农业发展走什么样的道路、农村基层生产经营体制朝什么方向深化改革、农民增收致富的路径方式如何拓展优化，这些都是关系我国农业农村长远发展的重大现实问题和重要战略问题，也是打赢脱贫攻坚战后巩固拓展脱贫攻坚成果接续推动乡村全面振兴的重点任务和工作观点。对于这些问题的深刻思考和系统解决，决定着我国农业农村工作的发展全局，决定着乡村全面振兴的长远愿景，也决定着全面脱贫全面振兴的质量成色。从产业发展现实来看，贫困地区较之于经济发达地区，产业基础比较薄弱，市场竞争力比较差，市场经济活跃度不高；从空间布局来看，贫困地区主要位于交通信息闭塞、基础设施较差、公共服务能力不足的偏远农村地区。因此，要从根本上阻断贫困发生的动因，必须从农业农村发展的长远发展趋势着眼，培养贫困区域发展基因、激发发展动力、厚植发展优势，使贫困地区农业农村经济社会发展融入整体区域经济社会发展大局，实现城乡一体、区域协同、共同发展。

习近平同志在福建开展扶贫开发工作期间，提出“走一条发展大农业的路子”，认为“大农业是朝着多功能、开放式、综合性方向发展的立体农业。它区别于传统的、主要集中在耕地经营的、单一的、平面的小农业。小农业是满足自给的自然经济，大农业是面对市场的有计划的商品经济”。[①] 后来，习近平同志到浙江工作，“大农业”扶贫开发思路一以贯之并不断深化，并因应“大农业”发展要求，进一步提出“大农合”（大规模综合性多层次农村合作组织）、“大农政”（农业大部门行政管理体制）发展思路，在适应扶贫开发工作的现实要求和顺应农业农村经济社会发展的长远历史趋势基础上，形成了逻辑连贯、系统完善、有机统一、协调联动的“大农业、大农合、大农政”“三位一体”的重要思想和宝贵实践。从农业农村经济社会发展逻辑看，没有“大农业”，难以实现农业产业化，难以适应市场化竞争环境，难以构建现代化农业产业体系，最终难以实现农民增收、脱贫致富；建设“大农业”，必须要有涉及信息、技术、服务、金融、供销等全

① 习近平：《摆脱贫困》，福建人民出版社 1992 年版，第 132 页。

方位、宽领域、多层次的“大农合”提供支撑，必然要求实行“大农政”予以保障。因此，“大农业、大农合、大农政”“三位一体”的思想和实践，既有现实需求的迫切性，又有逻辑发展的必然性。

## 三、从农业现代化经济规律的现实要求推进“一二三产融合”

产业扶贫是贫困地区实现稳定脱贫发展致富的关键和核心，是从根源上实现贫困治理的治本之策，也是推动乡村全面振兴的重要保障和基础条件。我国大部分贫困地区产业基础很薄弱、产业结构不平衡、产业转型升级能力不强、产业带动经济社会发展能力不明显，具体表现为：第一产业是主导产业，种植业所占产业比重高，林业、牧业、副业在总产值中的占比较低，主要以传统农业为主，经济效益低，难以实现规模提升、效益增加；第二产业主要是外来扶贫项目帮扶，应急性、政策性项目较多，脱贫短期效益较为可观，但是存在依附性强、自身适应市场能力弱、内生动力不足等问题；第三产业规模小且分散，普遍存在“自保有余、辐射无力”的现象，对贫困人口就业吸附作用很低。总的来说，贫困地区第一、第二、第三产业之间相互独立、缺乏联动，更谈不上均衡协调发展，从而造成贫困地区脱贫内生动力普遍缺乏、融入区域整体经济社会发展大局困难，因而扶贫难度大特别是巩固拓展脱贫攻坚成果进而实现乡村振兴的难度更大。同时，随着我国经济社会发展进入新常态，经济增长的农业主体产业

（新业态）益贫性低，农业的规模经营和资金密集趋势也在逐步增强，通过劳动力转移、农业经营增收脱贫的局限性逐步明显，产业发展“单打独斗”局面越来越难以为继。

鉴于此，在脱贫攻坚实践中，要依据贫困地区资源禀赋和比较优势，按照区域特色性、农户带动性、市场竞争性等原则，因地制宜选择区域特色产业，通过政策措施倾斜、财政资金扶持、项目规划优先兼顾等多种途径，重点培育农户带动性强的农业龙头企业、农业专业合作社、种养大户等新型农业经营主体，健全完善新型农业经营主体与贫困农户的利益链接机制，大力推动一二三产融合发展，从而增强区域经济社会发展能力，实现政府、企业和农户特别是贫困农户的共生发展、合作共赢。

## 四、从共同富裕的本质要求践行“小康路上一个都不能少”

打赢脱贫攻坚战，消除绝对贫困，实现现行标准下农村贫困人口全部脱贫、贫困县全部摘帽、解决区域性整体贫困，是全面建成小康社会的底线任务，是推动乡村全面振兴的前提基础，也是实现共同富裕的内在要求。当前，在全面完成脱贫攻坚目标任务基础上，巩固拓展脱贫攻坚成果、接续推动乡村全面振兴，已成为新时代做好“三农”工作、满足“人民群众美好生活需要”的重要领域、重要方向和重要内容，特别是前期贫困程度深、扶贫成本高、脱贫难度大的民族地区、边疆地区、革命老区等贫困问题。这些地区已经成为实施乡村振兴战略的主战场，需要集中全党全国全社会人力物力财力深度攻坚和全面推进。

**图 1—1　2010—2018 年中央财政专项扶贫资金投入情况**

革命老区。习近平总书记对老区人民怀有深厚感情，始终挂念老区人民的生产生活状况，特别是对老区脱贫后实现全面振兴更是时刻牵挂、惦记在心。党的十八大以来，作为党和国家领导人，无论是山清水秀的福建古田，还是丛山巍巍的贵州遵义，或是黄土高原的陕西延安，抑或是丘陵地带的沂蒙山区，还有太行脚下的河北西柏坡，都留下了习近平总书记心系老区、访寒问贫、体恤民情的深深足迹。习近平总书记强调，全面建成小康社会，一个不能少，特别是不能忘了老区。无论是革命战争年代还是改革开放新时期，老区人民为党和国家作出了巨大贡献。[①] 当年苏区老区人民为了革命的胜利和新中国的成立不惜流血牺牲，今天这些地区有的还比较困难，要通过领导联系帮扶……加快科学扶

① 《习近平的老区情怀：把扶贫工作锲而不舍抓下去》，中国共产党新闻网，http：//cpc. people. com. cn/xuexi/n1/2016/0503/c385474－28320730. html.

贫和精准扶贫。[①]在2020年全面建成小康社会，首先是全国人民共建共享的小康社会，没有老区人民的小康，就没有全国人民的小康。因此，推动各类扶贫资源向革命老区倾斜，巩固拓展老区脱贫攻坚成果、接续推进乡村振兴，既是做好新时代“三农”工作的当务之急，也是一项十分重要的政治任务。

民族地区。习近平总书记特别重视民族地区贫困人口脱贫致富工作，在湖南省湘西土家族苗族自治州首次提出“精准扶贫”理念，并多次到民族地区走访调研，实地了解民族地区贫困状况以及精准扶贫脱贫攻坚进展情况，把民族地区贫困人口的脱贫致富当作国家经济社会发展中一件大事要事急事抓紧抓细抓实。2013年2月，习近平总书记在甘肃视察时指出，党和政府高度重视扶贫开发工作，特别是高度重视少数民族和民族地区的发展，一定会给乡亲们更多支持和帮助，乡亲们要发扬自强自立精神，找准发展路子、苦干实干，早日改变贫困面貌。[②]

边境地区。边境地区贫困人口的脱贫致富事关全面建成小康社会全局，也事关国家边境地区的安全稳定大局，必须切实抓实抓好抓出成效。习近平总书记先后到内蒙古、云南、新疆、吉林等边境地区考察调研精准扶贫精准脱贫工作，他指出，加大对边境地区投入力度，依法加强社会治理，深入推进平安建设，依法

---

① 《习近平的老区情怀：把扶贫工作锲而不舍抓下去》，中国共产党新闻网，http://cpc.people.com.cn/xuexi/n1/2016/0503/c385474－28320730.html.

② 《习近平的扶贫牵挂》，中国共产党新闻网，http://politics.people.com.cn/n/2014/1018/c1001－25861312.html.

管控边境秩序，维护边境地区安全稳定。[①] 按照习近平总书记的重要指示精神，国家相关部门在基础设施建设投入上、在产业发展资金项目扶持上、在涉外交流合作政策上、在对外开放布局上，都给予边境地区相应倾斜照顾，加快改善边民生产生活条件，推动边境地区在国家对外开放大格局、发展外向型经济体系中获得更大发展。

集中连片特困地区。按照《中国农村扶贫开发纲要（2011—2020年）》划定范围，将六盘山区、秦巴山区、武陵山区、乌蒙山区、滇桂黔石漠化区、滇西边境山区、大兴安岭南麓山区、燕山—太行山区、吕梁山区、大别山区、罗霄山区等区域的连片特困地区和实施特殊政策的西藏、四省藏区、新疆南疆三地州，作为新时期扶贫开发工作主战场、脱贫攻坚硬骨头、乡村振兴新阵地。这些区域性集中连片特困地区，涉及中西部多个省市，是实现国家区域之间平衡协调发展的重大制约因素，也是打赢脱贫攻坚战的“贫中之贫、困中之困、难中之难、坚中之坚”，更是接续推进乡村振兴的着力点、关键点和重难点。为解决这些集中连片特困地区的稳脱贫能致富问题，党的十八大以来，习近平总书记多次走访调研集中连片特困地区脱贫攻坚工作，要求通过政策倾斜、资金支持、项目帮扶等多种举措，着力解决14个集中连片特困地区整体性贫困问题，并提前谋划、超前部署、应前安排巩固拓展脱贫攻坚成果、推动乡村全面振兴工作。目

① 《习近平同人大代表、政协委员共商国是纪实》，中国人大网，http：//www.npc.gov.cn/npc/xinwen/2015—03/15/content_1927988_3.htm.

前，国家在重大基础设施建设、基础教育水平提升、健康扶贫工程等方面，进一步加大对集中连片特困地区的政策支持，决心啃下这块硬骨头，实现不同区域之间经济社会发展相互协调、相互融合，让全国各族人民在共建共享中有更多的获得感、幸福感和安全感。

## 五、从党员干部的使命担当落实“五级书记抓扶贫”

无论是扶贫开发工作还是实施乡村振兴战略，都是一项系统性、综合性、社会性的重大工程，没有党的集中统一领导作保障，将难以组织实施和有效推进。从扶贫开发和乡村振兴涵盖领域来看，涉及经济、政治、文化、社会、生态文明五个主要方面，落实在经济社会发展的各个领域；从扶贫开发和乡村振兴对象来看，刚刚实现脱贫贫困地区都是自然环境恶劣、发展基础薄弱、交通信息闭塞、公共服务能力不足的农村落后地区，贫困人口都是贫困程度深、致贫原因复杂、自身发展能力弱的贫困群众；从扶贫开发和乡村振兴现状来看，参与主体来源多元、投入资源种类繁多、组织协调任务繁重。习近平总书记指出：“解决好‘谁来扶’的问题。推进脱贫攻坚，关键是责任落实到人。要加快形成中央统筹、省（自治区、直辖市）负总责、市（地）县抓落实的扶贫开发工作机制，做到分工明确、责任清晰、任务到人、考核到位。”① 因此，构建具有中国特色的扶贫治理和乡村振兴领导体制机制，必须始终坚持党的领导、政府主导、社会力量协同的扶贫格

① 《习近平关于社会主义经济建设论述摘编》，中央文献出版社 2017 年版，第 217 页。

局，必须充分发挥社会主义制度集中力量办大事的政治优势、组织优势和体制优势，必须始终强化党员领导干部的政治责任、使命意识和担当作风，为打赢脱贫攻坚战和实施乡村振兴战略奠定坚强的组织领导保障。

一是强化脱贫攻坚和乡村振兴领导责任制。全面落实脱贫攻坚和乡村振兴各级党委政府主体责任，围绕“人脱贫、村出列、县摘帽、解决区域性整体贫困”目标任务，严格实行党政一把手负总责的限期脱贫责任制，严格落实“五级书记抓扶贫”和“五级书记抓乡村振兴”，切实做到一级抓一级、层层抓落实。省（自治区、直辖市）党委政府对全省（自治区、直辖市）脱贫攻坚工作负总责，做好目标确定、上下衔接、域内协调、检查指导、督促考核等工作。市县（区）级党委政府是脱贫攻坚的责任主体，党政主要负责同志是第一责任人，负直接责任，做好对象核准、路径选择、进度安排、项目落地、资金使用、人力调配、推进实施等工作。贫困乡（镇）村两级负责做好调查摸底、信息核实等基础性工作，组织带领群众利用好扶贫政策、配置好扶贫资源、实施好扶贫项目。

二是强化基层组织建设。基层党组织是党的组织力、号召力、影响力和战斗力的基础和关键，党员干部是做好精准扶贫精准脱贫工作和乡村振兴的组织者、实践者、推动者和责任者。在精准扶贫精准脱贫和乡村振兴工作中，要始终强化基层党组织建设特别是村级党支部建设，因为其直接关系到扶贫开发和乡村振兴工作的部署落实情况和取得成效大小。因此，在组织建设上，健全完善基层组织设置，实现党的基层组织特别是村级党支部全覆盖、无盲区、没遗漏；在条件保障上，完善基层组织经费保障机制，重点做好组织活动经费、村办公经费、村干部报酬以及其他必要支出的配套保障工作；在人员配备上，选好第一书记“带头人”、配好基层两委班子人员、派好驻村工作队、定好帮扶责任人；在监督考核上，实行贫困村不出列、工作队不撤出，贫困户不脱贫、帮扶责任人不脱钩，持之以恒、久久为功，见实效、出实绩；在运行管理上，健全完善党组织领导的村民自治机制，深入推进党务公开、村务公开，注重发挥乡风民约的重要作用，加快构建自治、德治、法治相结合的乡村治理体系。

三是强化扶贫开发和乡村振兴队伍建设。建立与精准扶贫精准脱贫工作和乡村振兴要求相适应的省、市、县、乡、村五级专门机构和工作队伍，充实加强各级扶贫开发和乡村振兴工作力量，独立设置工作部门，有扶贫开发任务的乡镇设立扶贫工作站，扶贫开发任务重的村设扶贫专干，保障扶贫机构和人员工作经费，确保扶贫工作有效开展。同时，积极吸纳退伍军人、返乡创业农民工、大学生村官、退休养老乡贤等群体参与到贫困村、贫困户精准扶贫精准脱贫工作和乡村振兴中，充分发挥这些人员的不同特长和独特优势，汇集更多智慧、更多力量、更多人才服务脱贫攻坚成果、接续推进乡村振兴工作。

## 第二节　脱贫攻坚基本方略的鲜明特征

在打赢脱贫攻坚战实践中，以习近平同志为核心的党中央集中全党全国全社会力量，攻坚克难，久久为功，取得了我国反贫困事业的历史性成就。习近平总书记亲力亲为，亲自谋划，亲自推动，亲自督导，通过一系列指示批示、重要讲话、部署安排形成了关于脱贫攻坚重要论述。习近平总书记关于脱贫攻坚重要论述思想深刻、内涵丰富、逻辑缜密、体系严整，继承发展了马克思主义消除贫困的思想，丰富拓展了中国化马克思主义反贫困理论，以坚守“以人民为中心”价值理念而彰显人民性、以回应“真扶贫、扶真贫、真脱贫”现实问题而注重现实性、以蕴含“大统筹大协同大扶贫”系统思维而体现全面性、以贯彻“精准扶贫精准脱贫”内在要求而强化精准性、以实现“稳脱贫能致富”根本目标而凸显创新性，具有鲜明时代特点和显著自身特色，是新时代开展扶贫开发工作的重要思想指南和根本实践指引。

## 一、“以人民为中心”的价值导向

对于任何一个政党而言，“为谁发展、靠谁发展、怎样发展”是一个全局性、方向性的重大问题，关乎政党发展前途和历史命运。马克思和恩格斯在《共产党宣言》中指出，共产党所领导的“无产阶级运动是绝大多数人的、为绝大多数人谋利益的运动”。[①]这是对无产阶级政党阶级属性和历史使命的最本质概括，是对无产阶级政党政治本色和价值理念的最鲜明昭示。党的十八大以来，以习近平同志为核心的党中央坚持立党为公、执政为民的使命担当，坚持以民为本、以人为本的执政理念，把人民群众利益放在

① 《马克思恩格斯选集》第1卷，人民出版社1995年版，第4页。

治国理政的突出位置，把坚决打赢脱贫攻坚战作为全面建成小康社会的底线任务，把增进民生福祉作为一切工作的出发点和落脚点，把激发人民群众的活力动力当成全面深化改革的关键环节，推动改革发展成果更多更公平惠及全体人民，要求包括贫困人口在内的全社会成员"一个不落、一个不留""共建共享"进入全面小康社会，深刻体现了人民利益至上的马克思主义根本立场，集中体现了无产阶级政党鲜明的人民性本质属性。

习近平总书记多次指出，"消除贫困、改善民生、实现共同富裕，是社会主义的本质要求。"[①] "全面建成小康社会、实现第一个百年奋斗目标，农村贫困人口全部脱贫是一个标志性指标"[②]，强调"小康不小康，关键看老乡，关键看贫困老乡能不能脱贫"[③]"没有农村贫困人口全部脱贫，就没有全面建成小康社会，这个底线任务不能打任何折扣，我们党向人民作出的承诺不能打任何折扣"[④]"全面建成小康社会，一个也不能少；共同富裕路上，一个也不能掉队"。[⑤] 可以说，"以人民为中心"价值理念，是贯穿新时代脱贫攻坚的红线、主线和准线。脱贫攻坚直面中国贫困地区、贫困群众存在的最现实贫困问题，直面全面建成小康社会的最迫切底线短板弱项，想贫困群众之所想、急贫困群众之所急、为贫困群众之所盼、解贫困群众之所难，时刻挂念贫困群众安危冷暖、甜酸苦辣，时刻把贫困群众的大事小情记在脑子里、扛在肩膀上、

---

① 习近平：《做焦裕禄式的县委书记》，中央文献出版社 2015 年版，第 15 页。

② 《十八大以来重要文献选编》（下），中央文献出版社 2018 年版，第 29 页。

③ 《习近平扶贫论述摘编》，中央文献出版社 2018 年版，第 12 页。

④ 《习近平扶贫论述摘编》，中央文献出版社 2018 年版，第 25 页。

⑤ 《习近平扶贫论述摘编》，中央文献出版社 2018 年版，第 23 页。

落在手心里，时刻牢记中国共产党的“不变初心”，既做大社会财富“蛋糕”，又分好共享发展“蛋糕”，不断增强贫困群众的获得感、幸福感和安全感，深刻彰显脱贫攻坚基本方略的人民性特征。

治理之道，莫在于安民；安民之道，在于察其疾苦。历史反复告诫我们，党的根基在人民、血脉在人民、力量在人民，我们党的最大政治优势就是密切联系人民群众，党执政后的最大危险就是脱离人民群众。在打赢脱贫攻坚战实践中，广大党员领导干部把贫困群众脱贫致富作为使命要求，把服务贫困群众作为使命担当，纾民忧、解民难、惠民生，着力在发展中保障和改善民生，切实维护和扩大民利，使党永远立于时代潮流、永远是包括贫困群众在内最广大人民群众的“主心骨”，取得了脱贫攻坚战的历史性成就和决定性进展，书写了我国减贫脱贫历史的光辉篇章。

## 二、“全面脱贫全面振兴”的问题导向

习近平总书记指出，脱贫攻坚不是终点，而是新生活新奋斗的起点，并深刻强调，党中央的政策好不好，要看乡亲们是笑还是哭。如果乡亲们笑，这就是好政策，要坚持；如果有人哭，说明政策还要完善和调整[①]，要求必须真抓实干，贯彻精准扶贫要求，做到目标明确、任务明确、责任明确、措施明确，精准发力，扶真贫、真扶贫[②]，多次强调扶贫工作必须务实，脱贫过程必须扎实，扶真贫、真扶贫，脱贫结果必须真实，让脱贫成效真正获

① 《习近平扶贫论述摘编》，中央文献出版社 2018 年版，第 35 页。
② 《习近平扶贫论述摘编》，中央文献出版社 2018 年版，第 111 页。

得群众认可，经得起实践和历史检验，决不搞花拳绣腿，决不摆花架子。[①] 可以说，打赢脱贫攻坚战溯源于解决贫困地区贫困群众最关心、最直接、最现实贫困问题的现实需求，扎根于具有中国特色的扶贫开发道路模式，来自贫困一线长期工作实践积累，发展于精准扶贫精准脱贫主战场淬火历练，始终坚持从贫困地区贫困群众的贫困实际出发，始终坚持“真扶贫、扶真贫、真脱贫”问题意识，具有强烈的现实性特征。

工作理念具象化。针对贫困地区、贫困村、贫困人口的突出困难和问题，按照“什么问题集中就集中解决什么问题”的思路，把好贫困地区、贫困村、贫困人口的“穷脉”，用好贫困地区、贫困村、贫困人口的“药方”，治好贫困地区、贫困村、贫困人口的“穷病”。比如，针对贫困地区、贫困村普遍遇到的基础设施落后、基本公共服务不足、生产生活条件较差的普遍共性问题，加大基础设施建设和公共服务能力配套力度，改善生产生活条件，打通脱贫攻坚相关扶持政策措施，落实精准扶贫精准脱贫“最后一公里”工作部署安排。

工作方式生活化。脱贫攻坚主要目标可集中概括为“两不愁三保障”即“不愁吃、不愁穿，义务教育、基本医疗、住房安全有保障”。从“两不愁”来看，就是从贫困群众最基本、最关注、最现实的生活生计问题入手，首先改变贫困人口的生活贫困状况，解决最基础的生活生计问题，在此基础上确立先稳脱贫后能致富的发展目标。从“三保障”来看，更是重点关注和大力解决涉及

① 《习近平扶贫论述摘编》，中央文献出版社 2018 年版，第 117 页。

民生领域的教育、医疗、住房三个关键问题，深度聚焦贫困群众的所难、所急、所盼和所愿，切实降低和解决贫困群众教育、医疗、住房等支出费用和问题，想方设法减轻贫困家庭各项生活负担。

工作重点清晰化。贫困地区资源禀赋各有特点、发展条件各有不同，贫困人口致贫原因千差万别、情况迥异。这就要求扶贫重点要找得准、扶贫举措要用得准，而不能千篇一律、简单应对、流于形式。因此，在扶贫开发工作中，脱贫攻坚既有对贫困人口脱贫的具体标准要求，也有对贫困村列出的考核指标体系，既注重从单个贫困户、贫困人口入手，也实施贫困村整体提升工程，培育壮大集体经济，为贫困地区和贫困人口夯实发展致富基础、谋划长远发展大计。

工作内容项目化。扶贫开发工作由“输血”转向“造血”的重要途径之一就是将各类扶贫资源以产业项目形式吸收有意愿的贫困人口参与其中、连接其中、受益其中，实现贫困人口稳定脱贫与增加收入结合起来、近期脱贫与长期致富结合起来，实现内生性、源生性脱贫。同时，扶贫项目安排因地制宜、因人而异，紧密结合当地资源环境禀赋和经济社会发展条件，按照“一村一品”标准，精准选择特色产业项目，精准安排到每一个贫困户、每一个贫困人口。

工作考核标准化。扶贫工作推进开展得怎么样，扶贫工作措施落实得怎么样，必须通过相应考核监督机制的检验与评判。因此，建立健全客观、科学、完善、有效的脱贫攻坚考核监督机制，是确保脱贫攻坚工作成效、实现贫困人口如期脱贫的重要保障。脱贫攻坚考核监督机制主要涉及三个方面内容：一是评价主体全面，包括帮扶对象、地方政府、业内专家等；二是考核内容全面，包括贫困人口经济收入水平、贫困人口教育培训力度、贫困人口稳定脱贫能力等；三是考核评价制度全面，包括财政投入扶贫绩效考核、扶贫工作落实情况考核、扶贫工作创新情况考核等。

工作成效规范化。扶贫成效的最终落脚点是贫困村出列、贫困人口脱贫、贫困县摘帽，按照节点安排如期实现脱贫攻坚目标任务。因此，建立完善相应的退出机制，严格规范退出程序和标准，固化实化扶贫工作成效，就非常关键和必要。从现实来看，扶贫成效规范化主要涉及两个方面的内容：一方面，符合退出条件的贫困县、贫困村、贫困人口要按照时间节点及时“摘帽”“出列”“脱贫”，以最大限度优化扶贫资源配置，集中力量攻克“贫中之贫、困中之困、难中之难、坚中之坚”；另一方面，不符合退出标准的贫困县、贫困村、贫困人口，相关地方和工作部门要加大扶贫开发力度，在兼顾脱贫攻坚目标任务的同时，实事求是规划工作节奏，循序渐进落实部署安排，不为了赶进度搞“应急性脱贫”“形式上脱贫”，造成一旦失去扶贫政策支持就很快返贫。针对此，脱贫攻坚更加注重对扶贫工作的评估、检查、督查和问责，有效防止相关部门及地方政府的扶贫工作表面化、形式化和简单化。

### 三、“大统筹大协同大扶贫”的格局导向

习近平总书记指出：“脱贫攻坚要取得实实在在的效果，关键

是要找准路子、构建好的体制机制，抓重点、解难点、把握着力点。”[①] 脱贫攻坚立足新世纪新阶段我国扶贫开发工作的新形势新任务新要求，集中形成了包括指导思想、基本原则、目标任务、路径方法、政策措施、保障机制等诸多方面的综合性、系统性、整体性的中国化反贫困理论。其没有就贫困言贫困、就扶贫言扶贫，而是在深刻分析中国贫困地区、贫困人口复杂致贫因素基础上，从全局着眼、从整体着手、从系统着力，统筹协调扶贫开发各种重大关系和各方面工作内容，将宏观政策措施与微观部署安排相结合、外部力量帮扶与激发内生动力相结合、实施扶贫开发与推动经济社会发展相结合、精准识别扶贫对象与完善动态退出机制相结合、政府主导力量与社会共同发力相结合、如期全面脱贫和接续全面振兴相结合，坚持“大统筹大协同大扶贫”格局导向，深入体现全面性重要特征。

习近平总书记指出：“只要有信心，黄土变成金。贫困地区尽管自然条件差、基础设施落后、发展水平较低，但也有各自的有利条件和优势。”[②] 这就要求在精准扶贫精准脱贫过程中，各级政府将脱贫攻坚部署安排与国家宏观规划、区域经济社会发展规划对接起来，在加大政策、资金、项目等外部条件支持帮扶基础上，充分发挥贫困地区资源环境条件的独特禀赋优势，搭上区域一体化发展“顺风车”，融入地方经济社会发展“大盘子”，走活内外联动协同“一盘棋”，既按照扶贫工作目标任务、时间节点要求如

① 《十八大以来重要文献选编》（下），中央文献出版社 2018 年版，第 38 页。
② 习近平：《做焦裕禄式的县委书记》，中央文献出版社 2015 年版，第 17 页。

期完成脱贫攻坚任务，又为后期实现稳脱贫能致富进而助推乡村全面振兴打下坚实发展基础。

习近平总书记强调："贫困地区发展要靠内生动力，如果凭空救济出一个新村，简单改变村容村貌，内在活力不行，劳动力不能回流，没有经济上的持续来源，这个地方下一步发展还是有问题。"[①] 脱贫攻坚是涉及多个领域、多个方面、多个因素的综合性、系统性、整体性重大社会工程，绝对不能简单应付"造盆景"，而要用"绣花功夫""磨杵恒心"打造里里外外"处处是风景"，并且力争通过各方共同努力实现贫困地区"风景这边独好"。因此，新时代扶贫开发工作既重点关注精准扶贫精准脱贫中的短板弱项，针对性解决涉及贫困群众生产生活的现实困难和制约瓶颈，切实改善贫困地区生产生活条件、提高贫困群众生产生活水平，也要超前关照到贫困地区后续生产发展、产业转型升级的迫切需求，在扶贫开发中提升地方经济社会发展能力和发展水平，在推动地方经济社会发展整体转型升级中增强地方脱贫致富能力。

习近平总书记要求："要大力弘扬中华民族扶贫济困的优良传统，凝聚全党全社会力量，形成扶贫开发工作强大合力。"[②] 扶贫开发是一项重大社会系统工程，既要靠党的坚强领导、核心引领和组织实施，也要靠全社会众志成城、齐心协力和共同担当。没有行业扶贫、专项扶贫和社会扶贫的积极出力、共同发力、形成

① 习近平：《做焦裕禄式的县委书记》，中央文献出版社 2015 年版，第 17—18 页。

② 习近平：《做焦裕禄式的县委书记》，中央文献出版社 2015 年版，第 19 页。

合力，没有政府、市场、社会“三位一体”、协同推进、齐头并进，脱贫攻坚目标任务就不能如期完成、顺利完成、高质量完成。脱贫攻坚按照全社会共同关注、共同参与、共同实施的基本原则，在强化政府主导作用和主体责任的同时，注重提高全社会成员关注度、参与度和融入度，广泛调动社会各界投身扶贫开发积极性、主动性和创造性，鼓励、支持和帮助社会企业、社会组织、社会团体参与扶贫开发工作，引导各类社会扶贫主体工作重心下移、眼光视野下移和具体行动下移，采取包县、包乡、包村、包户等多种包干方式，不断完善专项扶贫、行业扶贫、社会扶贫“三位一体”大扶贫格局，集聚各方力量，形成政府、市场与社会共同发力，实现最大限度资源整合，汇集打赢脱贫攻坚战整体最大合力。

## 四、“精准扶贫精准脱贫”的实践导向

打赢脱贫攻坚战，贵在精准、重在精准、成败之举在于精准。精准性，是新时代脱贫攻坚的核心特征和内在本质，贯穿于打赢脱贫攻坚战的全过程，体现在我国脱贫攻坚目标任务安排部署各方面，落实在精准到人、精准到户、精准到村、精准项目、精准识别、精准施策等全方位精准化各个环节，成为新时代中国特色扶贫开发的最鲜明特色和最主要特征。习近平总书记指出，脱贫攻坚贵在精准，精准识别、精准施策，根据致贫原因有针对性地制订方案，对不同原因不同类型的贫困采取不同措施，因人因户因村施策，对症下药、精准滴灌、靶向治疗，[1] 强调打好脱贫攻

① 《习近平扶贫论述摘编》，中央文献出版社 2018 年版，第 75 页。

坚战，关键是聚焦再聚焦、精准再精准，采取更加集中的支持、更加有力的举措、更加精细的工作，瞄准特定贫困群众精准帮扶。[①] 因此，精准扶贫精准脱贫，是打赢脱贫攻坚战的核心关键。而做到精准扶贫精准脱贫，就必须按照致贫原因、致贫特点、致贫环境、致贫类型，推进脱贫攻坚体制机制创新，因人因事精准施策、因地制宜精准实施，做到对症下药、精准滴灌、靶向治疗。

对象识别精准。“谁贫困、谁真贫”是脱贫攻坚工作的逻辑起点，也是精准扶贫精准脱贫的基本前提。就个体而言，致贫原因复杂多样，只有扶持对象精准，扶贫工作才能有的放矢、有据可依，做到“共享全面小康社会”不落一人；就群体而言，老、少、边、山、岛等地区，是精准扶贫的重点区域，需要加大帮扶和支持力度，做到“进入全面小康社会”不少一地。

思路分析精准。思路决定出路，扶贫思路直接影响扶贫工作成效和脱贫攻坚目标如期实现。在扶贫开发实践中，各级政府和相关部门采取一系列扶贫政策措施对贫困地区、贫困村、贫困人口进行针对性扶持和一对一帮扶，有的是综合施策、整体推进、稳扎稳打，贫困群众满意度较高；有的是急功近利、“头痛医头脚痛医脚”、疲于应对，引起贫困群众很多意见。不同的扶贫思路造成的扶贫成效差异明显。精准扶贫精准脱贫的首要出发点和落脚点是“人”，必须坚持以人为本的扶贫工作理念，时刻把贫困群众、贫困人口的现实诉求和长远需求作为谋划安排扶贫工作的着力点，扶贫开发思路举措才能真正来源于贫困群众、服务于贫困

① 《习近平扶贫论述摘编》，中央文献出版社 2018 年版，第 81 页。

群众、显效于贫困群众。

措施实施精准。在扶贫工作中，扶贫帮扶单位和工作人员驻点贫困村、深入贫困户、走进贫困人口，细致了解贫困村、贫困户、贫困人口的致贫原因，并根据贫困村实际情况、贫困户贫困特点、贫困人口个人能力，针对性制定配套扶贫措施，细致做到一村一品、一户一计、一人一策，确保扶贫措施与贫困地区发展相协调、与贫困户现有条件相契合、与贫困人口实际能力相匹配，有效改善了贫困地区生产生活条件，切实帮助贫困户、贫困人口发展生产、增加收入，加快脱贫致富步伐。

资源投入精准。扶贫资源是确保脱贫攻坚成效的物质基础和现实保障，没有大量扶贫资源的投入配置和高效使用，扶贫开发就成为无源之水、无本之木。因此，在精准扶贫精准脱贫过程中，既需要扶贫资源大量投入、有效投入、综合投入，又必须精准使用，把钱花在该花的地方，把好钢用在刀刃上，把资源投到关键环节和重点领域。在投入形式上，既采用专项资金折合为农户入股股金的模式，也可以用现金、实物等方式直补到户；在投入方向上，既着力解决贫困地区、贫困人口的现实生活需求，也注重专业技能、文化教育的培训培养；在投入管理上，按照“项目跟着规划走、资金跟着项目走、监督跟着资金走”的原则，建立扶贫项目立项、审批、实施、验收、评估等管理制度，确保项目资金管理安全、规范有效使用。

主体明确精准。“谁来扶”是精准扶贫精准脱贫重点解决的关键问题。各级党组织和政府部门必须义不容辞、责无旁贷地担负起扶贫工作主体责任的使命担当。村级党组织是与贫困群众联系最紧密、协调最有效、保障最关键的基层组织，开展扶贫工作离不开基层党组织特别是农村党组织的主动担当、高效配合和全力支持。实践中，各地纷纷从各级机关优秀年轻干部、后备干部和国有企事业单位优秀人员中选派第一书记或驻村工作队队长，把村级党组织打造成为脱贫攻坚的坚强堡垒和阵地前哨，把第一书记或驻村工作队队长磨炼成为带领贫困村、贫困群众脱贫致富的“领头雁”“排头兵”和“孺子牛”。同时，有的地方还积极探索“驻村干部互评”工作机制，评选优秀驻村干部，作为评选先进、提拔使用的重要依据，激发了驻村干部干事创业的活力动力。

管理实时精准。扶贫管理实时精准，是精准扶贫精准脱贫的重要特征和内在要求，因为在国家和社会大量扶贫资源的投入下，贫困地区经济社会发展情况会变化、贫困村经济收入水平会变化、贫困群众自身发展能力会变化。如果不能实时、及时、准时掌握各项指标和数据的变化情况，就会影响扶贫工作计划安排和政策措施配套，影响脱贫攻坚的成效和质量。实现扶贫管理实时精准主要做到两个方面：一是健全贫困户动态管理机制，实时掌握贫困户收入、支出、消费等各种数据信息，科学、客观、准确地评价帮扶成效和脱贫进展；二是完善扶贫工作动态管理机制，实时了解扶贫工作进展情况，针对性介入和管理，综合评估扶贫工作成效，优化工作流程，固化工作标准，实化工作安排，提升扶贫工作效果。

## 五、“稳脱贫能致富”的理念导向

打赢脱贫攻坚战、实现贫困地区贫困人口稳定脱贫共同致富，最终要靠扶贫理念、扶贫举措、扶贫模式、扶贫路径的改革创新，进而激发贫困地区自主发展活力和贫困群众内生发展动力，从而增强贫困地区贫困群众自我发展能力，接续推进乡村振兴，达到“脱贫稳得住、致富有门路”。习近平总书记指出，“激发内生动力，调动贫困地区和贫困人口积极性。‘只要有信心，黄土变成金。’贫穷不是不可改变的宿命。人穷志不能短，扶贫必先扶志”①，强调“要把扶贫同扶志结合起来，着力激发贫困群众发展生产、脱贫致富的主动性，着力培育贫困群众自力更生的意识和观念，引导广大群众依靠勤劳双手和顽强意志实现脱贫致富”②，要求“把扶贫和扶志、扶智结合起来，把救急纾困和内生脱贫结合起来，把发展短平快项目和培育特色产业结合起来，变输血为造血，实现可持续稳固脱贫”。③ 脱贫攻坚实践证明，新时代脱贫攻坚创造性继承和创新性发展了马克思主义反贫困理论，是对长期以来中国扶贫开发实践的经验总结和理论创新，具有强烈的时代特征和创新特色。

一是创新了扶贫理念，更加注重“人”的全面脱贫。扶贫开发、脱贫攻坚，说到底是做“人”的工作，这个“人”就是贫困地区的贫困人口。贫困人口的如期脱贫，不仅要在物质上实现，也要在精神上富有，不是个别指标单一维度的单项脱贫，而是整体系统性指标的全面脱贫，因此需要扶贫又扶“志”、扶“智”，即“志智”双扶。传统扶贫理念下，扶贫主体很大程度上“见物

① 《十八大以来重要文献选编》（下），中央文献出版社 2018 年版，第 49 页。
② 《习近平扶贫论述摘编》，中央文献出版社 2018 年版，第 140 页。
③ 《习近平扶贫论述摘编》，中央文献出版社 2018 年版，第 142 页。

不见人”，把扶贫物资、救济资金直接发放到贫困人口手中就算完成任务，搞的是“应急性脱贫”“输血性脱贫”“指令性脱贫”，容易出现脱贫成果不稳固、脱贫易返贫现象；扶贫对象在单项维度扶贫模式影响下，“等靠要”思想严重，宁愿“绕着墙根晒太阳，也不愿放下身来奔希望”，“一年到头都不忙，等着帮扶奔小康”。而脱贫攻坚，是双向维度的扶贫开发，既积极组织外部力量通过配套政策、投入资金、实施项目等帮扶方式，较快改善贫困地区贫困群众生产生活条件，也大力实施教育扶贫、产业扶贫、生态扶贫等扶贫模式，提升贫困人口自身科学文化素质、激发贫困地区脱贫致富内生动力，内外结合，上下结合，最终实现“人”的全面脱贫、可持续脱贫和共同致富。

二是创新了扶贫模式，更加注重“脱贫致富”。贫困是个历史性难题，即使在一定时期一定空间范围内消除了绝对贫困，由于各种复杂综合原因，相对贫困现象仍将长期存在。因此，对于以往扶贫开发实践和经验来说，能够通过大规模反贫困行动消除比较大规模的贫困地区和贫困人口已属不易，进而实现贫困地区全面发展和贫困人口全面脱贫更是难上加难。面对这些难题，脱贫攻坚通过实施“精准滴灌”“内生造血”“生态保护脱贫”“易地搬迁脱贫”“产业扶贫”等多种扶贫路径模式，既能主动探索当前贫困地区、贫困村、贫困人口如期脱贫的有效办法，又为后面贫困地区、贫困村、贫困人口实现全面发展、全面振兴、全面致富打下良好基础，实现脱贫中致富、致富中脱贫。

三是创新了扶贫手段，更加注重“系统整合”。首先，扶贫开发是全社会的共同责任，需要全社会共同关注、共同参与、共同实施和共同推动。在脱贫攻坚中，专项扶贫、行业扶贫与社会扶贫协调联动、有机统一、相互配合，而不是“各喊各的号、各吹各的调”，造成宝贵的扶贫资源不能发挥集聚优势，不能实现最大效用；其次，扶贫开发工作千头万绪、贫困地区贫困人口千差万别，脱贫攻坚按照“强基固本”总体思路，既授鱼更授渔，增强了贫困地区贫困人口自我发展能力、自我脱贫能力和自我致富能力；最后，脱贫攻坚树立了“全国一盘棋”“全局一张网”思想理念，充分发挥制度性体制机制优势，从东中西部协调发展战略全局谋划推动扶贫开发，从城乡一体融合发展时代要求组织实施扶贫开发，增强了扶贫开发的针对性、有效性和系统性。

四是创新了扶贫体制机制，更加注重“运行有效”。从实践来看，建立健全脱贫攻坚体制机制，对于实现有效脱贫、稳定脱贫具有十分重要的关键作用。从需求来看，构建系统完备、科学规范、运行顺畅的脱贫攻坚体制机制，对于有效整合全社会扶贫资源、形成各方参与扶贫开发合力、提升扶贫开发成效、打赢脱贫攻坚战，具有十分重要的保障作用。针对此，脱贫攻坚实现了扶贫体制机制大变革、大调整和大创新，着力构建了贫困群体识别机制、优化了工作管理机制、强化了考核监督机制，从体制机制上确保脱贫攻坚各项目标任务能够如期完成、高质量完成，使脱贫攻坚最终成效能得到贫困群众认可、经得起实践检验、受到外界力量肯定。

实践证明，新时代脱贫攻坚深刻揭示了精准扶贫精准脱贫的基本规律、重要特征和发展趋势，系统阐述了新时代扶贫开发的理念方法、体制机制和模式路径，丰富拓展了马克思主义消除贫困思想，发展创新了中国化马克思主义反贫困理论，具有鲜明的时代特征和创新特色，是做好“十四五”期间及今后一个时期巩固拓展脱贫攻坚成果、接续推进乡村振兴的科学指南和基本遵循。

# 第二章　全面脱贫与全面振兴的赓续衔接

党的十八大以来，以习近平同志为核心的党中央鲜明提出，全面建成小康社会最艰巨最繁重的任务在农村特别是在贫困地区，没有农村的小康特别是没有贫困地区的小康，就没有全面建成小康社会；强调贫穷不是社会主义，如果贫困地区长期贫困，面貌长期得不到改变，群众生活水平长期得不到明显提高，那就体现不了我国社会主义制度的优越性，就不是社会主义，因此必须时不我待抓好脱贫攻坚工作。多年来，习近平总书记把脱贫攻坚摆在治国理政的突出位置，把脱贫攻坚作为全面建成小康社会的底线任务，组织开展了声势浩大的脱贫攻坚人民战争，攻克了一个又一个贫中之贫、坚中之坚，脱贫攻坚取得了重大历史性成就。脱贫攻坚战的全面胜利，标志着我们党在团结带领人民创造美好生活、实现共同富裕的道路上迈出了坚实的一大步。同时，脱贫摘帽不是终点，而是新生活、新奋斗的起点。解决发展不平衡不充分问题、缩小城乡区域发展差距、实现人的全面发展和全体人民共同富裕仍然任重道远，必须乘势而上、再接再厉、接续奋斗。

唯物辩证法告诉我们，矛盾无处不在，矛盾无时不有，解决了现有矛盾问题，新的矛盾问题又将会出现。在看到已有巨大成就的同时，我们必须清醒认识到，在 2020 年实现既定脱贫攻坚目标任务，并不意味着我们已经一劳永逸解决了贫困问题，也并不意味着我们可以一了百了不再面对贫困现象。“未雨绸缪早当先，居安思危谋长远。”中国特色社会主义进入新时代，我国发展已站在新的历史方位，可以预见和难以预见的风险和挑战将会不断显现甚至交织迭现，2020 年后的反贫困工作将会面临一系列新任务新难题新变化，巩固拓展脱贫攻坚成果、接续推进乡村振兴已成为时代新命题。

## 第一节　接续探索后脱贫时代新命题

当前，尽管我国脱贫攻坚工作在理论上实现了创新性新发展、在实践上取得历史性新成就，但就形势的发展、事业的开拓和人民的期待而言，仍面临一系列新任务新难题新变化，这也是未来要解决的精准扶贫精准脱贫新命题。

### 一、研究宣传中国特色反贫困理论

时代是思想之母，实践是理论之源。党的十八大以来，我国扶贫开发工作进入以精准扶贫精准脱贫为鲜明标识的脱贫攻坚新阶段，既面临着国家整体实力不断提升、扶贫开发工作资源条件不断丰富、社会扶贫力量不断集聚的有利条件，也面临着贫困人口贫困程度深、致贫原因复杂、自身发展能力弱、脱贫易返贫等前所未有的贫困新问题和工作新压力。在继承马克思主义反贫困理论基础上，在系统总结中国特色扶贫开发长期经验中，在精准扶贫精准脱贫伟大实践中，习近平总书记关于脱贫攻坚重要论述应时而出、应运而生，为新时代开展扶贫开发工作提供了极为重要的理论指引和实践指导。比如，关于脱贫攻坚论述中“真扶贫、扶真贫、真脱贫”理念要求，为脱贫攻坚阶段扶贫开发工作明确了总体目标；“六个精准”系统论述，为扶贫工作方式转变明确了基本方向；“五个一批”路径安排，为扶贫开发工作指明了重点任务；对“扶持谁、谁来扶、怎么扶、如何退”深刻阐述，为扶贫开发体制机制创新提供了根本指导。

在习近平总书记关于脱贫攻坚重要论述的指引下，我国精准扶贫精准脱贫工作取得了巨大成效，为国际反贫困事业贡献了中国力量，为广大发展中国家开展减贫脱贫工作提供了中国方案。8年来，现行标准下 9899 万农村贫困人口全部脱贫，832 个贫困县全部摘帽，12.8 万个贫困村全部出列，区域性整体贫困得到解决，完成了消除绝对贫困的艰巨任务，取得的成就前所未有、举世瞩目。因此，对习近平总书记关于脱贫攻坚重要论述这一具有中国特色的原创性反贫困理论，需要进一步挖掘梳理、系统总结和丰富完善，通过多种渠道、采用不同形式、依托不同载体，加大舆论宣传力度，不断彰显新时代脱贫攻坚的内生性、现实性、系统性、时代性和实践性，不断彰显习近平总书记关于脱贫攻坚重要论述的理论指导和实践指南作用、重要时代价值和深远历史意义。

## 二、建立稳定脱贫保障体系

反贫困是个历史性课题，古往今来，海内外，通过一系列举措可以消除绝对贫困，但是相对贫困仍将长期存在。从现实来看，在2020年，我国实现了精准扶贫精准脱贫目标任务，也按照现行贫困人口脱贫标准消除了绝对贫困、解决了区域性整体贫困问题，但对于相对贫困，仍需要建立健全相应的反贫困保障体系，巩固拓展脱贫攻坚成果配套，完善反贫困的法治保障、社会保障、人才保障和机制保障。

### （一）注重实现法治保障

“国无常强，无常弱。奉法者强则国强，奉法者弱则国弱。”党的十九大报告提出了“以良法促进发展、保障善治”的法治目标要求。讲文明重法治，国家富强、民族复兴、人民幸福就有了重要保障。良法是善治的前提，善治是法治的目标。无论是之前处于攻城拔寨、脱贫攻坚阶段的精准扶贫精准脱贫工作，还是2020年以后解决了绝对贫困和区域性整体贫困问题的扶贫开发新阶段，反贫困作为系统性、整体性、社会性的重大工程，没有法治保障，将难以发挥其保障民生、保护弱势群体利益、维护社会公平正义的功能作用，就难以实现体现人民意志、反映客观现实、解决社会问题的善治目标。因此，依法治贫、循法反贫困，就是要实现公民特别是弱势群体相应权利有保障、政府权力受制约、违法行为必追责的善治状态，促进包括贫困人口在内的全体社会成员生活有序、安居乐业、幸福美满。

同时，反贫困包括巩固拓展脱贫攻坚成果、接续推进乡村振兴法治化的实现，需要制定出台反贫困法律法规，建立健全执法司法机制，形成系统完备、规范科学、运行有效的法治体系。在长期扶贫开发工作实践中，党和国家先后出台制定了一系列反贫困的文件政策和制度措施，建立健全了扶贫开发工作体制机制，推动了我国扶贫开发工作、反贫困事业的深入发展，取得了举世瞩目的伟大成就。但是，我国目前尚未出台国家层面全国性的反贫困立法，更多的是依靠行政体系的体制性优势开展扶贫开发工作。这虽然充分发挥了举国体制优势，但从长远来看，没有全国统一适用的扶贫法，这对今后的反贫困工作将带来诸多不利影响和运行障碍。因此，党和国家需要出台制定一部全国性、权威性的扶贫法，对反贫困的工作对象、工作程序、工作要求、工作标准、工作监督考核作出明确规定，通过规范反贫困执行程序、强化反贫困司法保障、建立政府权力约束机制等指导各地反贫困工作，并为各省市出台相应地方法律法规提供法律依据。

（二）健全完善社会保障

增加社会公共服务供给，健全完善社会保障体系，是维护社会公平正义的有效举措，是治理贫困遏制返贫的重要手段，也是国际反贫困实践的重要经验。在精准扶贫精准脱贫、消除绝对贫困阶段，社会保障是扶贫开发的兜底之举，扶贫开发能够更加完善社会保障，二者相互协调、相互促进、协同发展。在应对相对贫困、反贫困新阶段，社会保障更是保障相对贫困弱势群体的“安全网”、维护社会稳定的“安全阀”，具有极其重要的社会治理作用。

一是不断提高最低生活保障制度标准。最低生活保障制度是国家整个社会救济制度的重要组成部分，是贫困地区实施社会救济的重大举措，也是尽快建立新型反贫困社会保障制度的关键环节。无论是精准扶贫精准脱贫阶段，还是今后很长一段时期应对相对贫困的反贫困战略，各级政府都要根据地方经济社会发展水平科学合理地确定最低生活保障标准，对各种致贫原因产生的相对贫困个体实行最低生活标准保障，保证相对贫困个体的基本生活水平，并随着经济社会发展水平的不断提升相应提高最低生活保障标准，切实做到“应保尽保”，不使任何一个相对贫困个体“衣食无着”“流离失所”。

二是不断健全完善医疗卫生保障制度。因病致贫返贫是产生贫困问题的最主要原因，建立完善的医疗卫生保障制度，有效解决贫困群众“看病难、看病贵”难题，对于贫困群众稳定脱贫具有关键作用。即使消除绝对贫困之后，完善的医疗卫生保障制度对于相对贫困个体同样具有十分重要的托底作用。因此，各级政府要加大医疗保障投入，改善医疗设施，实现大病重病慢性病保险全覆盖，大幅度减轻包括贫困群体在内的社会全体成员的医疗费用支出，从而最大限度减少因病致贫人群数量。

三是不断提升公共教育水平。尽管现在党和国家在教育扶贫方面投入巨大，有效解决了贫困家庭、贫困人口因贫失学以及部分家庭因学致贫的难题矛盾，但是我们的政策不能只关注“前半程”即保证“有学上”，也应该在“后半程”即融入社会发展上给予更多关注，为贫困家庭、贫困人口的子女提供相应的发展机遇和发展平台，使他们能够通过自身努力彻底带动贫困家庭、贫困人口摆脱贫困。

四是不断探索新型社会养老保障体系。随着我国进入老龄化社会中后期，养老问题成为整个社会越来越紧迫、越来越沉重的现实问题，特别是对于贫困弱势群体，更是难以逾越的“深沟高坎”。因此，党和国家要积极探索新型社会养老保障模式，建立健全城乡一体的社会养老保障体系，增加社会养老保障基金和补贴投入，提高社会养老保障水平，切实实现全社会“老有所养、老有所依”。同时，根据地方现实条件，不断丰富传统家庭养老形式，在更大范围、更高水平、更高质量实现“养儿防老”“家庭养老”。

### （三）强化组织人才保障

夙兴夜寐，唯在担当，重在落实。消除绝对贫困，应对相对贫困，不是轻轻松松、敲锣打鼓就能实现的，必须在党的坚强领导下，心往一处想、劲往一处使、力往一处用，凝聚各方共识、集聚各方力量，在实践中推进，在行动中落实，在实现脱贫攻坚目标任务的基础上巩固拓展脱贫攻坚成果、接续推进乡村振兴战略，绝对不能有“船到码头车到站”的麻痹思想意识，更不能有“撤摊子甩包袱歇歇脚”的懈怠作风。

一是要加强党对反贫困工作的全面领导。党政军民学，东西南北中，党是领导一切的。消除贫困、脱贫致富，必须加强党对农业农村工作的全面领导，特别是发挥党的农村工作部门在农业农村工作中的“前哨”功能、“桥头堡”作用。首先，健全完善党的农村工作领导体制，建设强有力的党委统一领导、政府负责、党委农村工作部门统筹协调的组织领导体系。其次，坚持法纪法规先行，把党在长期领导农业农村工作中形成的优良传统、工作要求、政策举措等以党内法规形式确定下来，深入推动党管“三农”工作、政府主导贫困治理的制度化、规范化、科学化和法治化。再者，加强乡村基层党组织建设，选好党组织“领头雁”，配强党组织班子，建设过硬党支部，压实基层党组织管党治党政治责任，推动全面从严治党向基层延伸，实现对党的基层组织全覆盖。最后，加快构建自治、法治、德治相结合的乡村治理体系，创新乡村治理理念，丰富乡村治理形式，拓展乡村治理方式，实现乡村治理根本性转变，走中国特色的乡村善治之路。

二是要加强部署落实工作力度。一分部署，九分落实。消除贫困、脱贫致富，必须按照党和国家确立的目标任务、确定的时间节点，细化实化工作重点和政策措施，持之以恒推进“路线图”，只争朝夕落实“时间表”，蹄疾步稳、分类有序推进精准扶贫精准脱贫、推动实现农业农村全面振兴。充分发挥党领导农业农村工作的政治优势、组织优势、作风优势，压实责任、完善机制、强化考核，把党中央关于精准扶贫精准脱贫、推动实现农业农村全面振兴的部署安排和工作要求落到实处、具体到实践、强化在行动，全面实行中央统筹、省负总责、市县抓落实的工作机制。加强党的农业农村工作部门建设，不断提高其对农业农村工作的政治引领能力、谋篇布局能力和业务指导能力，有效发挥其在推进精准扶贫精准脱贫、推动实现农业农村全面振兴中决策参谋、调查研究、政策指导、推动落实、督导检查等方面的作用。

三是要加强“三农”工作队伍建设。推进精准扶贫精准脱贫、推动实现农业农村全面振兴，人才优势是关键，人才资源是支撑。培养和造就一大批“懂农业，爱农村，爱农民”的农业农村工作人才，是实现脱贫致富、农业农村全面振兴的重要保证和坚实支撑。要牢固树立“脱贫致富，人才先行”的思想理念，把人才培养放在脱贫致富、农业农村全面振兴全局中的重要位置、优先位置，切实发挥人才在转变农业发展方式、推动农业提质增效、实现农业转型升级的内生性动力作用，加快形成人才队伍建设与农业农村经济社会发展协调联动、互促互动、良性互动的发展格局。加快构建“人尽其才，才尽其用”的管理培养机制，推动形成党的农业农村工作部门牵头、相关职能部门配合、社会主体广泛参与的农业农村人才工作格局，加大农业技能人才培养力度，建设知识型、技能型、创新型农业劳动者大军，全面提升农业劳动者职业技能水平。积极营造“重视农业，尊重人才”的良好氛围，搭建农业农村人才敢于创新、勇于实践、善于创造的发展平台，弘扬工匠精神，树立样板典型，促进各类人才在农业农村现代化的生动实践中早日成才、加速成长，为脱贫致富、农业农村全面振兴提供人才支撑和智力支持。

（四）加强评估考核保障

对2020年以后反贫困工作进行科学评估、监督考核，是确保有效实现巩固拓展脱贫攻坚成果的重要方式和重要手段。建立评估考核制度，评估考核过程要具有客观性、真实性和公正性，能够客观公正衡量有关工作部门的工作绩效和社会整体巩固拓展脱贫攻坚成果。建立规范有效的评估考核保障制度，实现科学客观进行反贫困评估考核，需要在三个方面着力。

一是牢固树立问题导向。通过评估考核发现工作中存在的不足和缺失，进行相应整改调整，既保证考核结果的客观性，也为进一步改进加强反贫困工作指明方向、提出要求和明确目标。

二是采用多种考核方式。注重运用中立的第三方评估考核模式，独立开展反贫困工作评估考核，确保评估考核过程、评估考核结果、评估考核运用的真实性、针对性、客观性和权威性。

三是注重考核评估结果运用。对于在评估考核中表现优异的地方政府、工作部门和相关工作人员进行表彰奖励，树立样板典型进行学习宣传，对于在评估考核中表现一般甚至较差的地方政府、工作部门和相关工作人员，经核实复查确定相关原因后，进行相应的问责，涉及严重违纪违法问题的，从严从重处理，切实维护党和政府在人民群众、社会成员中的良好形象和公信力。

### 三、强化教育减贫战略地位

百年大计，教育为本。教育事业对于一个国家兴旺发达具有战略性、全局性、长远性、关键性影响。习近平总书记指出，我国高等教育发展方向要同我国发展的现实目标和未来方向紧密联系在一起，为人民服务，为中国共产党治国理政服务，为巩固和发展中国特色社会主义制度服务，为改革开放和社会主义现代化建设服务。[①] 对于贫困家庭、贫困人口而言，教育是挖“穷根”、阻断贫困代际传递的最有效、最根本、最重要途径。因此，无论是国家未来发展，还是贫困人口个人前途，都需要突出教育反贫困的重要地位，强化教育反贫困的巨大作用，彰显教育反贫困的重大价值。

### （一）注重校内课程教学与校外实习实践有效连接

高校要围绕农业农村经济社会发展的现实需求和农业农村全面振兴的长远需要，紧扣人才培养根本任务，创新办学模式，强化协同育人理念，加大高层次人才培养力度，为区域经济社会发展提供人才支撑，为组织实施反贫困战略提供智力支持。比如，将教师课堂延伸到田间地头，让学生面向农村、直面农民从事实习实践，在实践中强化知识运用，实现学用结合；依托校地产学研合作机构、研究生联合培养示范基地，创新专业学位研究生培养模式，培养符合当前农村农业发展需求的高层次复合型人才；依托“众创空间”“星创天地”等创新创业基地，加强对在基层工作的高校毕业生、返乡农民工、退伍军人、家庭农场主、科技示范户等新型农业生产经营主体的专业技术技能培训力度，充分发挥他们的带头致富作用。

### （二）加强高校办学力量与社会各类资源融合链接

通过整合优化校内外资源，将高校与地方政府及反贫困职能部门、政府公益性组织、社会化服务组织以及新型农业经营主体

① 《习近平在全国高校思想政治工作会议上强调：把思想政治工作贯穿教育教学全过程，开创我国高等教育发展新局面》，《人民日报》2016 年 12 月 9 日。

等紧密联结，形成横向联动、纵向贯通、多方协同的反贫困联合协作机制。比如，根据实施反贫困战略的综合需求，适度调整高校人文学科中与反贫困战略密切相关的社会工作、社会保障、公共事务管理等专业课程内容设置，培养反贫困战略专门人才，提升我国反贫困专业化水平；选聘在反贫困工作中涌现出的先进人物到高校开展课堂教学，增加理论学习与现实工作关联度、匹配度；对反贫困工作中出现的典型案例进行借鉴吸收，进行理论总结和经验提升，做到教学相长。

（三）实现职业技术教育与新型农业经营主体培育全面对接

农业生产经营组织创新是实现农业农村经济社会全面发展的核心和基础。新型农业经营主体是农业全面升级、农村全面进步的决定因素，是实施反贫困战略的关键力量。职业教育直接面对社会一线、基层一线、农业农村一线的现实需求，是“机油色明显”的技能教育，是“泥土味十足”的特色教育，在培养各类农业农村实用人才方面具有不可替代的重要作用。因此，发展以科技素质、职业技能、经营能力为核心的职业技术教育，大力培养以新型农业经营主体为代表的知识密集型劳动者，打造一支懂农业、爱农村、爱农民的“三农”队伍，提供一大批留得住、干得好、带致富的复合型乡村实用人才，是实现农业农村全面振兴、解决贫困问题、最终实现共同富裕的重要途径和重要保障。

## 四、完善遏制返贫体制机制

（一）牢固树立“以人民为中心”发展思想

在建设社会主义现代化强国的征途上，消除贫困、改善民生、逐步实现共同富裕，是社会主义的本质要求，是中国共产党不变的初心和庄严的使命。

把共同富裕作为治国理政的出发点和落脚点。2020年后，反贫困要全面贯彻落实习近平新时代中国特色社会主义思想，牢固树立以人民为中心的发展思想，把维护贫困农户、温饱型农户和低水平小康型农户的根本利益、促进低收入农民共同富裕作为出发点和落脚点，促进他们持续增收，保障他们享有均等的发展权，不断提升他们的获得感、幸福感、安全感。

把巩固扶贫成果、遏制返贫、扎牢底线、补齐短板、促进发展作为各级党组织的共同意志与共同行动。切实做到认识统一、步调一致，在干部配备上优先考虑，在要素配置上优先满足，在资金投入上优先保障，在公共服务上优先安排，加快补齐稳定脱贫、稳定小康的短板。针对脱贫区域财力较弱的现实，进一步加强一般性财政转移支付、专项扶持资金的投入。加强土地政策支持，至少在2021—2023年巩固期内延续脱贫攻坚三年行动方案的土地政策。强化金融扶持力度，保持现有金融扶持资金的额度相对稳定。2021—2023年，是巩固脱贫成果、遏制返贫的关键时期，建议按照“省统筹、县负责、乡落实”的工作机制，进一步强化县级人民政府在巩固脱贫成果、遏制返贫中的主体责任。

充分发挥政治优势和制度优势，切实增强责任感和使命感。要一鼓作气、乘胜追击，坚决做到思想不懈怠、工作不减压，以更有力的行动、更扎实的工作，集中力量巩固脱贫成果、遏制返贫，消除主要致贫因子，为实现全面振兴打下坚实的基础。2020

年后，反贫困应在脱贫攻坚治理体系的基础上，把建立健全反贫困治理体系作为乡村治理体系和治理能力现代化建设的重要目标，建立健全党委领导、政府负责、社会协同、公众参与、法治保障的新时代反贫困的长效治理体系。

加快建立健全缓解相对贫困的政策体系和工作机制。健全巩固脱贫成果、遏制返贫的长效机制，夯实消除致贫主要因子的基础性工作。因地制宜、分类管理、因户施策，探索多渠道、多样化的帮扶路径，提高帮扶措施的针对性和有效性。针对贫困地区自身造血能力不强、自我发展能力偏弱的现实，本着“扶上马、送一程”的原则，制定出台《脱贫攻坚巩固提升五年行动方案（2021—2025年）》。按照“现有政策不变、扶持力度不减”原则，将现有的扶贫政策延续三年，借此筑牢持续发展的物质基础。

### （二）把保障发展权作为下一阶段巩固脱贫成果遏制返贫的工作重点

打赢脱贫攻坚战的战略重点是解决现行标准下农村贫困人口的“两不愁三保障”问题，其实质是以保障农村贫困人口的生存权为主，兼顾农村贫困人口的发展权。2020年以后，户脱贫、村出列、县摘帽及区域性整体贫困目标实现后，巩固脱贫成果、遏制返贫的工作重点，应该及时地从“保障生存权、兼顾发展权”向以保障脱贫人口、相对贫困人口的发展权为重点转化。

注重“物质＋权利”并举。权利的核心是人人都有资格享有社会资源。要真正保证脱贫的长效性，就必须保障贫困群体享有均等的发展权，必须赋予农村人口与城市人口享有同等的基本公共服务。充分保障贫困群体教育、医疗、就业的权利。享有同城镇居民同等的教育、医疗以及参与公民事务管理的权利与机会，是保障发展权的重要途径。应大力发展教育、医疗卫生事业，让公共服务的阳光普照每一个社会群体。

（三）加快由以政策性扶贫为主向法治化扶贫与政策性扶贫并重转变

随着整体性贫困的终结，应在扶贫方式上适时作出调整，加快扶贫方式由政策性扶贫向法治化扶贫的转变，为保障扶贫工作的常态化与扶贫效果的长效性提供法律依据。

建立地方性法规。针对 2020 年后反贫困战略面临的新形势、新任务，及时研究、制定、颁布正式的地方性反贫困条例，通过法律对扶贫主体、扶贫对象的权利与义务作出明确规定，将扶贫纳入法治化轨道。逐步完善与扶贫工作相关的法律配套制度。继续发挥政策扶贫的优势，运用法制思维，构建更为规范、科学的扶贫运行机制，让法律与政策各展其长，使二者在扶贫工作中相互补充、相互成就，最终达到扶贫工作常态化与扶贫成效长期性的目的。

（四）加快建立城乡统一的社会保障体系

坚持把社会事业发展放在优先支持的位置，促进公共教育、医疗卫生、社会保障等资源向脱贫区域倾斜，逐步建立健全全民覆盖、普惠共享、城乡一体的基本公共服务体系，推进城乡基本公共服务均等化。

优先提升脱贫区域基层乡镇养老服务能力。以乡镇为中心，加强面向农村特困户、失能半失能老年人的农村养老服务设施建设，形成农村基本养老服务网络，切实做到老有所养、老有所依。优先完善脱贫区域贫困人口基本养老保险制度。优先扶持脱贫区域完善统一的城乡居民基本医疗保险制度和大病保险制度，重点做好返贫人口、脱贫人口、温饱型人口和低水平小康农户重特大疾病救助工作，健全医疗救助与基本医疗保险、大病保险及相关保障制度的衔接机制。健全低保标准动态调整机制。全面实施特困人员救助供养制度，加强和改善农村残疾人服务，将残疾人普遍纳入社会保障体系予以保障和扶持，提升托底保障能力和服务质量。推动各地通过政府购买服务、设置基层公共管理和社会服务岗位、引入社会工作专业人才和志愿者等方式，为农村留守儿童和妇女、老年人以及困境儿童提供关爱服务。

（五）补齐基础设施建设短板

持续改善脱贫区域相对贫困人口的发展条件，优先扶持脱贫区域把基础设施建设重点放在农村。以道路、水利、饮水、电力、网络等为重点，进一步加强脱贫区域乡村的基础设施建设，持续加大投入力度，加快补齐农村基础设施短板，推动农村基础设施提档升级，为低收入群体的持续发展提供良好的物质基础。

实施乡村道路提升工程。优先支持脱贫区域全面推进“四好农村路”建设，推进深度贫困乡村交通建设攻坚，加快实施建制村通硬化路工程。加快构建农村物流基础设施骨干网络，加快完善农村物流基础设施末端网络。

加强贫困乡村农村水利基础设施网络建设。优先扶持脱贫区域构建大中小微结合、骨干和田间衔接、长期发挥效益的农村水利基础设施网络，着力提高节水供水和防洪减灾能力。推进小型农田水利设施达标提质，实施水系连通和河塘清淤整治等工程建设，为农业生产提供稳定的灌溉水源。

实施深度贫困村农村饮水安全巩固提升工程。巩固提升农村饮水安全保障水平，切实做到每个农户都有一处安全、洁净、稳定的饮用水源。

加快新一轮农村电网升级改造。推进深度贫困乡村电网建设攻坚，实现农网动力电全覆盖。实施农村电网提升工程，加快解决网架结构薄弱、供电质量偏低等问题。

加大深度贫困村镇互联网基础设施建设投资力度。优先扶持大别山片区实施新一代信息基础设施建设工程，实现贫困村网络全覆盖，彻底改变贫困乡村“信息不灵”“信息失真”“信息滞后”的状况。

### （六）充分发挥农村基层党组织在反贫困中重要作用

党的领导是我国打赢脱贫攻坚战的最大法宝，也必将是有效实施反贫困战略、实现共同富裕的最大法宝。2020 年以后，建议以党内工作条例的形式，将反贫困工作作为各级党组织的底线任务加以落实。以农村基层党组织建设为主线，突出政治功能，提升组织力，把农村基层党组织建成贫困群体最信任、最可靠、最满意的坚强战斗堡垒，全面提升基层党组织治理贫困的能力和水平。

## 第二节　有效衔接脱贫攻坚与乡村振兴

习近平总书记指出，脱贫摘帽不是终点，而是新生活、新奋斗的起点，要接续推进全面脱贫与乡村振兴有效衔接，推动减贫战略和工作体系平稳转型，统筹纳入乡村振兴战略，建立长短结合、标本兼治的体制机制。《中共中央关于制定国民经济和社会发展第十四个五年规划和二〇三五年远景目标的建议》中把“实现巩固拓展脱贫攻坚成果同乡村振兴有效衔接”作为当前及今后一段时期做好“三农”工作的重要战略、重要内容和重要方面。因此，围绕巩固脱贫攻坚成果遏止返贫、实现脱贫攻坚与乡村振兴有效衔接这一时代课题，深入开展理论研究、系统总结实践经验、不断完善体制机制，已成为新时代实施乡村振兴战略、做好“三农”工作的题中应有之义、必为之事和勠力之举。

### 一、思路理念有机链合

从现实看，贫困地区、贫困村和贫困人口的如期脱贫、全面脱贫是实施乡村振兴战略的基础和保证，乡村振兴战略的实施又为贫困地区、贫困村和贫困人口的稳定脱贫、发展致富提供了动力和途径。思路决定出路，理念影响决策。实现脱贫攻坚与乡村振兴的有效衔接、全面对接，思路理念首先要有机链合。要围绕“逐步实现共同富裕”这一根本目标、按照“激发欠发达地区和农村低收入人口发展的内生动力”这一根本方向，坚持“有利于实施精准帮扶”这一根本原则，系统梳理阐释脱贫攻坚与乡村振兴相互衔接的内在关联和逻辑关系，深入领会脱贫攻坚与乡村振兴高度衔接的深刻内涵、精神实质及实践要求，准确把握脱贫攻坚与乡村振兴有效衔接的基本原则、基本要求和基本路径，探索完善脱贫攻坚与乡村振兴全面对接的体制机制。

## 二、目标任务渐次契合

按照党中央、国务院打赢脱贫攻坚战的统一部署和安排，2020 年之前精准扶贫精准脱贫是各级政府以及相关部门的工作重心，这一阶段的根本目标就是依据“两不愁三保障”标准实现如期脱贫，解决绝对贫困和区域性贫困问题。而 2020 年之后，在实现脱贫攻坚目标任务基础上，全面推动实施乡村振兴战略，则是做好新时代“三农”工作的总抓手，也是巩固脱贫攻坚成果、不断实现人民群众美好生活需要的总方略。因此，要把巩固脱贫攻坚成果融入于实施乡村振兴战略之中，既确保脱贫人口稳定脱贫，又能够实现发展致富，在推动乡村全面振兴进程中不断实现共建共享改革发展成果，向着逐步实现共同富裕目标奋进。

## 三、政策措施有序耦合

尽管到 2020 年底打赢以“县摘帽、村出列、户脱贫”为标志的脱贫攻坚战，是中华民族发展史上的里程碑事件，具有举足轻重的历史性影响和划时代意义，但我们也要深刻认识到 2020 年底解决绝对贫困问题的参照标准还比较低、实现脱贫目标任务的内容层次还比较窄，离我们不懈追求的、不断实现的“美好生活需要”还有较大差距，离我们规划中的乡村全面振兴远景目标还有很多不足。这就要求我们前期的一系列精准帮扶政策措施不仅不能“急刹车”，还要根据现实需要“加满油”，把政策措施涵盖范围更扩大一些、政策措施内涵更充实一些、政策措施层次更提升一些，将“民生保障网”织得更密、更细、更实，将“兜底安全线”设得更牢、更准、更优。

## 四、运行机制无缝结合

精准扶贫精准脱贫实践表明，打赢脱贫攻坚战，是政府、市场、社会等多方协作、相互协同、共同推动的结果，是构建“大扶贫”格局发挥关键性作用的结果，更是充分发挥社会主义制度性体制机制优势的结果。今后一段时期，在实现脱贫攻坚目标任务基础上实施乡村振兴战略、推动乡村全面振兴，同样离不开我国固有的社会主义制度性体制机制优势，同样需要政府、市场、社会等各方协同配合、共同发力，同样需要全体社会成员积极参与、持续关注和大力支持。因此，对于已经被脱贫攻坚实践证明了的系统科学、运行顺畅、行之有效的工作机制，我们要系统总结、拓展深化、凝练创新，并根据实现乡村全面振兴的新形势、新要求、新特点进行相应的转换提升、发展完善，实现两者运行机制的无缝结合。

## 五、保障体系深度融合

无论是打赢脱贫攻坚战，还是实现乡村全面振兴，我国经济社会发展持续积累的物质基础，都是基础性条件和关键性因素。没有改革开放以来我国经济实力、科技实力、综合国力的显著提升，在人口如此众多、地区差异如此明显、区域发展如此多元的14亿人口规模的最大发展中国家解决区域性绝对贫困问题进而建设社会主义现代化国家，都是不可想象、难以企及的奢侈幻想。因此，在实现全面脱贫基础上推进乡村全面振兴，现有保障体系的“宽度”要加长、“厚度”要加强、“力度”要加大，不断因事而化、因时而进、因势而新，不断增加民生领域社会建设的底色、基色和成色。比如，农村基础设施建设要在现有基础上升级完善，努力为基层群众创造更好的生产生活条件；城乡基本公共服务均等化水平要在不长时间内提速提质，不断提升农村公共服务水平，显著缩小城乡差异；农村基层组织建设要在发挥原有功能上优化提升，持续改善乡村各类实用人才供给状况，为实施乡村振兴战略提供源源不断的智力支持和人才支撑。

# 第三章　全面夯实乡村振兴基础

农业农村农民问题是关系国计民生的根本性问题。没有农业农村的现代化，就没有国家的现代化。党的十九大，以习近平同志为核心的党中央作出实施乡村振兴战略的重大决策部署，坚持走中国特色社会主义乡村振兴道路，这是解决新时代我国社会主要矛盾的必然选择，是实现“两个一百年”奋斗目标、实现全体人民共同富裕的必由之路。同时，实施乡村振兴战略、推动乡村全面振兴，在我国扶贫开发工作历程上具有里程碑意义，是中国特色扶贫开发道路的最新实践成果，是巩固脱贫攻坚成果、实现共同富裕的最新方案和衔接赓续。

实施乡村振兴战略，立足于巩固拓展脱贫攻坚成果，着眼于我国农业农村经济社会今后一段历史时期的发展大势，落脚于实现包括贫困地区在内的乡村全面振兴，既点明了我国目前在巩固脱贫攻坚成果方面存在的“顽瘴痼疾”，切中了贫困地区、贫困人口稳脱贫能致富的“根源要害”，也为新时代农业农村经济社会发展擘画了宏伟蓝图。从两者逻辑关系来看，打赢脱贫攻坚战，实现贫困人口如期脱贫、全面脱贫是实施乡村振兴战略的基础和保证，乡村振兴战略的实施又为贫困地区、贫困村和贫困人口的稳定脱贫致富提供了动力和途径。

**表 3—1　实现乡村全面振兴 SWOT 分析表**

| 外部环境分析（OT）<br>内部环境分析（SW） | 机遇（Opportunities） | 威胁（Threats） |
|---|---|---|
| | 国家乡村振兴战略实施；<br>城市消费升级；<br>中国传统文化恢复；<br>贸易战加速资本下乡 | 传统发展路径难以改变；<br>青壮年劳力外出务工，劳动力成本较高 |
| 优势（Strengths） | 优势机会（SO 进攻）策略 | 优势威胁（ST 分散）策略 |
| 独特资源与传统文化资源；<br>经济发展水平较高；<br>较强的科技推广队伍；<br>农业机械化水平较高 | 发展优质农产品，打造区域公共品牌；<br>在具有传统文化底蕴的乡村，打造具有自身特色的田园综合体；<br>发展种养结合，推动生态农业发展 | 明确定位，错位发展；<br>引进年轻人才，形成老、中、轻相结合团队 |
| 劣势（Weaknesses） | 劣势机会（WO 防御）策略 | 劣势威胁（WT 退出）策略 |
| 一定的环境污染；<br>缺乏良好生态支撑；<br>老年农民文化水平较低 | 结合地方特色，挖掘发展潜力；<br>以传统农耕经验为基础，在不宜集中发展地区，恢复并发展种养结合 | 退出高密度养殖；<br>退出石化种植 |

## 第一节　提升高质量发展能力，夯实乡村振兴物质基础

实现乡村振兴，产业兴旺是重点，是实现高质量发展的基础支撑。提升高质量发展能力，必须坚持质量兴农、绿色兴农发展理念，以农业供给侧结构性改革为主线，加快构建现代农业产业体系、生产体系、经营体系，提高农业创新力、竞争力和全要素生产率，为乡村全面振兴提供坚实的物质基础。因此，要深入推

进农业结构调整，因地制宜优化生产力布局，突出农业绿色化、优质化、特色化、品牌化，推动农业发展由主要追求产量和数量，向注重数量、质量、效益、生态、安全并重的方向转变，实现高质量发展。

## 一、优化产业结构，筑牢民生基础

习近平总书记指出，要推动乡村产业振兴，紧紧围绕发展现代农业，围绕农村一二三产业融合发展，构建乡村产业体系，实现产业兴旺，把产业发展落到促进农民增收上来，全力以赴消除农村贫困，推动乡村生活富裕。根据我国县域农业发展现状，在发展乡村产业中，要重点围绕粮食、畜牧、水产、蔬菜、经济林果具有地方特色和基础优势的“五大产业”，引导农业发展向优势区聚集，推动农业多种功能深度融合，优化农业生产力布局，建设现代农业产业体系。

### （一）稳步推进粮食产业

党的十九大报告提出了确保国家粮食安全，把中国人的饭碗牢牢端在自己手中的现代粮食产业发展方向，突出了“绿色发展”的现代粮食产业建设战略重点，提出了构建集约化、专业化、组织化、社会化相结合的新型农业经营体系的现代粮食产业建设战略目标，这是我国当前和今后一段时期发展粮食产业的基本遵循和指导方向。

一是夯实粮食产业基础。实践证明，“粮食安，天下安”，粮食产业具有稳定社会大局的战略性意义，是“国之大者”。稳步推进粮食产业发展，要围绕“提质增效转方式、稳粮增收可持续”的工作主线，突出“稳产能、调结构、转方式”的主攻方向，以构建粮经饲统筹、农牧结合、种养加一体、一二三产业融合的格局，夯实现代粮食产业发展的基础。

二是提升可持续生产能力。围绕推进现代生态农业产业化，坚持点上示范与面上推进相结合，突出良种良法配套、农机农艺融合、安全投入品使用和物理技术、生物技术、信息技术的综合运用，着力落实“三推”（推广优质专用品种、标准化栽培技术、农机化生产技术）和“三节”（节肥、节药、节水）技术，促进粮食产业品质提升、结构优化、效益增加和可持续发展能力提升。

三是构建立体化产业服务体系。按照“主体多元化、服务专业化、运行市场化”的原则，充分发挥公共服务机构作用，加快构建公益性服务与经营性服务相结合、专项服务与综合服务相协调的新型农业社会化服务体系，重点支持粮食种植合作社、专业服务公司、专业技术协会、涉农企业等开展机耕、育苗、机播（栽）、机防、机收等专业化的生产性服务，优先支持发展专家大院、农村科技服务超市、庄稼医院、专业服务公司＋合作社＋农户、涉农企业＋专家＋农户等新型农业服务模式，积极开展技物结合、技术承包、全程托管等综合化服务，促进农业先进适用技术到田到户，提升粮食产业现代化服务水平。

（二）做优做强现代园艺产业

按照“规划科学引领、专家技术指导、政策资金扶持、园区示范带动、质量品牌提升、市场调节增收”的总体思路，通过稳定面积、提高品质、加强流通、延伸产业、创新机制，完善服务，优化品种与区域布局，实现内涵式发展，提高园艺产业化程度，促进县域园艺产业全面优化升级。

一是提升园艺产业化水平。大力推行统一规划、规模开发、连片种植、规模化经营，积极促进土地合理流转。加强建立专业合作社，健全县、乡、村三级园艺、蔬菜协会、合作社，充分发挥协会、合作社在技术服务、信息交流、果品销售等方面的作用。建立质量安全标准体系，健全质量安全检测监测网络，规范园艺产品生产行业标准。加强品牌创建，以品牌扩大生产规模，以品牌开拓市场。扶持、鼓励开展区域性、规模化优势园艺产品产地、品质、管理和环境认证，加强原产地产品保护等申请、注册和推广工作，打造具有区域影响力、辐射力的特色品牌，促进生产发展和产品流通。

二是推动标准化建设。大力实施农药、化肥零增长行动，加快推广测土配方施肥、低毒低残留绿色防控、节水灌溉技术。加大园艺机械化技术研发和推广力度，率先在劳动密集环节实现突破，提高机械化、智能化、标准化水平。在有条件的地方建设智慧果（菜）园，优化要素投入和产品结构，提高全要素生产率。结合县域农业旅游资源，拓展园艺产业的休闲功能，积极发展休闲采摘、民俗体验、科普培训、康体养生、创意农业等休闲旅游项目。加强采后商品化处理和冷链物流体系建设，大力发展园艺产品电子商务，鼓励发展家庭式、作坊式小型园艺产品加工业，提升园艺产品的附加值和市场竞争力。

三是建立现代技术服务体系。加强与高等院校和科研院所的产学研合作，按系列化、产业化的要求，调整技术推广、技术培训方式和内容，全面提高基层农技干部和农户的科技素质，努力培养高素质的县级、乡镇农技推广人员，并建立相应的激励机制。强化职业技术培训，努力提高种植水平和发展现代果业的意识。建立健全农民科技培训工作机构，完善县、乡（镇）二级培训体系，更新栽培技术和知识。鼓励社会机构通过提供技术服务等方式对农户进行技术培训服务，提高农户的技术水平。

四是构建现代流通体系。树立现代流通理念，从产业链和供应链的视角，把着力点放在交易流通环节，培育加工企业、中介组织、物流企业、批发经销商、农民经纪人等园艺产品流通主体，完善产地冷藏冷冻设施，增强市场加工贮藏体系、食品安全监测系统、电子交易和电子结算系统等设施和功能，制定优惠政策，外引内聚，打造产销对接平台、创新流通模式，构建现代流通体系，促进现代园艺产品产业发展。

（三）打造优质畜牧产业

按照规模化、标准化、产业化、品牌化的要求，着力构建现代畜禽产业体系，积极引导土地、资本、劳动力、技术、人才、信息等资源要素集聚，加快形成具有较强优势和市场竞争力、特色鲜明的县域绿色有机畜牧产业集群。

一是着力推进养殖业产业升级。以加快转变养殖业结构与发展方式为主线，创新体制机制，着力推进优质特色畜禽良种育繁推一体化，推动标准化、规模化、生态化健康养殖全面提升。注重采用贸工牧一体化的运行体制，注重龙头企业、集约化养殖场的产业延伸。注重构建网格化利益链接机制，实行统分结合的双层经营体制。注重养殖适用技术逐步实现企业化管理，将适用技术全面配套推广。

二是着力打造龙头企业带动。按照扶大、扶强、扶优的原则，优化发展环境，加大招商引资力度，落实好各项优惠政策，培养一批经济效益好、科技含量高、发展潜力大、带动能力强的农业龙头企业，提升生产和技术条件，形成一批优质特色畜禽产业集群。通过引进农业龙头企业，打造具有鲜明特发特色的产业集群，吸纳和带动周边产业的建设和发展，实现企业规模化发展。

三是着力强化品牌影响力。注重树立质量意识、品牌意识和名牌意识，突出市场取向，采取激励措施，大力实施农业名牌战略。依托农业龙头企业，把规模做大、把产品做精、把品牌做响，加强生产与加工环节的质量管理，强化优质、特色畜禽产品的品牌建设，拓展市场营销空间。

四是着力集聚生产要素。养殖业是基础性产业，离不开政府的政策引导、资金扶持和技术服务，必须整合各方面资源，积极引导土地、资本、技术、管理等资源要素向优质特色产业集聚，形成发展合力，推动县域畜牧业转型升级、全面提升。

（四）发展特色水产养殖产业

坚持走生产发展、生活富裕、生态良好的文明发展道路，科学开展水域利用评价，保护水域生态环境，明确区域经济发展方向，合理安排渔业发展空间，积极发展乡村特色水产养殖产业。

一是坚持生态优先。良好的生态环境是水产养殖产业可持续发展的前提和基础。要在发展生产的同时，更加注重生态环境保护，探索实践绿色化发展理念，合理开发和利用水产养殖业资源，推广资源节约、环境友好的生产方式，积极拓展水产养殖业发展规模，补齐水产养殖业产业链中的短板弱项，向社会提供优质安全农产品。

二是坚持特色发展。充分尊重各区域乡村空间的自然资源、社会经济、生态环境和产业发展基础等现实状况，积极引导土地、资本、技术、管理等资源要素向优质特色产业和优势区域集中，实现现代水产养殖业的设施化、规模化、集群化、产业化、品牌化，实现经济效益、生态效益和社会效益的有机统一。

三是坚持科技支撑。支持企业、高等学校和科研机构建立水产养殖业重点实验室、关键技术研究中心等研发平台，加强优质资源选育、动物营养与饲料支撑、疫病综合控制、健康情节养殖、畜禽水产品深加工和综合利用等关键技术研究。鼓励高等院校、科研院所与生产基地建立产业联盟，共同开发、推广、应用最新科技成果，创新科技成果推广模式。完善现代畜禽产业科技传播体系，利用网络、电视、报刊等各种渠道建立普惠型的科技服务信息平台，面向广大养殖户和养殖场提供技术咨询和服务。依托龙头企业，建立以信息、技术为核心的专业型服务平台，实现公司与养殖户、销售的无缝对接，提高应对市场风险的能力。

### （五）推进一二三产融合

围绕农村一二三产业融合发展，以完善利益联结机制为核心，以制度、技术和商业模式创新为动力，突出乡村农业特色，构建乡村产业体系，延长农业产业链、提升农业产业价值链、完善农业产业利益链，不断提升农业产业的竞争力、辐射度和影响力。

一是发掘乡村产业新功能新价值。把握城乡居民消费拓展升级趋势，结合乡村资源禀赋，以“生态农业休闲、农业科技体验”为主题，以现代农业科技、生态田园和美丽乡村为背景，充分挖掘和体现农业的生态采摘、观光休闲、文化体验等功能，推动乡村资源实现全域化整合、多元化增殖，增强地方特色产品时代感和竞争力，形成新的消费热点，增加乡村生态产品和服务供给。比如，将蔬菜、林果等特色产业培育、村庄改造有机结合起来，规划建设一批依托蔬菜、林果产业的“一村一品”特色生态农庄，推出体验式农耕（风车、水车）、打铁、榨油、推石磨等农事体验活动和农耕文化教育活动，形成以生态田园风光、采摘体验、农家生活体验等为主要功能的生态农庄休闲旅游基地。

二是培育乡村新产业新业态。深入实施电子商务进农村综合示范，充分发挥农村超市、农资店为民服务中心等主体作用，推进村级电子商务综合服务站建设。大力培育农产品电子商务新型经营主体，进驻“邮乐农品”、聚农 E 购、淘宝电子商城等电商平台，建设乡村特色农产品馆。整合乡村优质农产品资源，搭建可靠的、安全的、可追溯的、可认证的网上农产品供需平台。建设具有广泛性的农村电子商务发展基础设施，加快建立健全适应农产品电商发展的标准体系。研发绿色智能农产品供应链核心技术，加快培育农业现代供应链主体。推进互联网技术在农产品电子商务编码管理、包装标识、仓储、冷链、物流等环节的应用，实现农产品在仓储、物流、配送等环节的高效管理。加强农商互联，密切产销衔接，发展农超、农社、农企、农校等产销对接的新型流通业态。

三是打造乡村产业新载体新模式。依托乡村现有资源，打造乡村产业融合发展的平台载体，促进农业内部融合、延伸农业产业链、拓展农业多种功能、实现农业新型业态等多种模式融合发展。发挥县域农业龙头企业的引领带动作用，加快培育乡村农商产业联盟、农业产业化联合体等新型产业链主体，打造一批产加销一体的产业链企业集群。发挥乡村新型农业经营主体的农业循环经济试点示范作用，推进稻田综合种养、林下养殖、“猪—沼—粮（果、菜、草）”畜禽养殖废弃物资源化利用的农业绿色低碳循环发展模式。

（六）提升农产品精深加工水平

依托乡村粮食资源优势，加大农产品精深加工企业和现代物流企业的引进培育，大力发展农产品精深加工，延长产业链、提升价值链。根据不同区域资源优势、产业发展情况，科学合理布局农产品加工业园区，通过政策扶持、项目支持等措施，引导产业向重点区域和园区集聚，集成集约利用资源要素，拓展产业多功能，形成主导产业突出、规模效应明显、组织化程度较高、引领现代农业发展的农产品加工集聚区。

发展县域空间粮油薯加工、果蔬加工、畜禽加工、水产加工等领域的梯次加工与高值化综合利用，应用一批农产品综合利用新技术、新工艺、新设备，开发一批高附加值新产品，提升资源化利用水平，培育一批以低成本、低能耗、低排放、高效率为特征的农产品加工企业。鼓励产学研合作，开发适合本地特色农产品精深加工的新技术、新工艺和新设备，研发新产品。开展本地特色大宗农产品精深加工技术研究与生产应用，延伸产业链，提升附加值。

加快研发和引进特色农产品精深加工智能化、专业化设备，提升精深加工自动化和信息化水平，推动农产品加工技术装备升级。扎实开展农产品精深加工技术研发和成果转化，加快智能化、工程化等技术及生产装备的应用。推动传统农产品加工产业向标准化、工业化、智能化以及安全营养健康转型升级。

（七）保障农产品质量安全

以生态环境友好型和资源永续利用为导向，推动形成农业绿色生产方式，实现投入品减量化、生产清洁化、废弃物资能源化、产业模式生态化，切实保障农产品质量安全。

一是强化安全生产源头控制。加强产地环境保护和源头治理，加大大气、水、土壤污染治理力度，降低污染物排放对农产品安全的影响。严格农业投入品使用管理，对种子、农药、肥料、兽药等农业投入品，严把农资商品市场准入关。建立健全进销台账溯源体系，限用农药、兽药处方药等明显提示销售，着力解决农药兽药残留超标问题。

二是大力推广绿色生产技术。选用节约型新品种降低对化肥、农药和水资源的过度依赖，减少农业投入品的过度使用。示范推广绿色防控技术，大力推广高效、低毒、低残留农药，提高土壤生态系统抵抗力，合理应用地膜技术，着重改进铺膜方式和替代技术，降低残留膜的污染。推进化肥减量增效，示范推广有机肥高效施用模式，示范推广缓释肥料、叶面肥等高效新型肥料，因地制宜推进化肥机械增施、机械追施等技术，减少养分挥发和流失。促进工程措施与农技生物管理等措施有机结合，实现水肥耦合利用。

三是完善全程监督管理体系。建立“三品一标”农产品的生产全过程可追溯系统，实现生产、加工、销售各环节全程可追溯。明确县、乡镇、产地农产品三级检查机构的建设目标和职能定位，组建县级农产品质量安全综合检测中心，提升检测中心的检测能力和检测水平，加快乡镇农产品质量安全检测站建设。加快建立职业化检查员队伍，严格上岗资质要求。制定实施食品安全“黑名单”制度，对失信行为进行联合惩戒。引导食品生产经营企业参加食品安全责任保险。

### （八）大力培育农业知名品牌

整合县域乡村现有农产品品牌，探索由政府建立统一品牌的模式，按照产区模式进行产品分级。做好品牌宣传推介，借助各类农贸会、展销会等渠道，提高品牌知名度和美誉度。充分利用现代化信息手段，建设“互联网+实体体验”的立体化营销模式，合理选择目标市场，在天猫、京东电商平台建立旗舰店，在微信、微博上建立营销公众号与认证微博。同时，建立实体体验店，提高特色农产品的品牌效应和竞争力。

加强公共服务设施建设，推进农业与旅游、文化、教育、康养、体育等深度融合，引导涉旅乡村加大投入，改造一批具有休闲农业与乡村旅游发展基础的乡村道路、供水、停车场、厕所、垃圾污水处理等设施，推进一批休闲农业与乡村旅游项目建设。科学谋划并加快推进一批生态旅游、文化旅游、科普旅游、娱乐休闲、休闲农业等乡村旅游项目的开发建设，打造一批旅游精品。打造休闲农业与乡村旅游主题化精品线路。围绕县域特色农业与乡村旅游资源及旅游发展基础，结合县域乡村道路的建设布局，重点打造几条具有乡村特色的休闲农业与乡村旅游精品线路。加大农耕文化和民俗文化保护式利用的力度。着重加强县域内文物古迹、非物质文化遗产保护及民间民俗文化的挖掘和弘扬，推进民画、民歌等传统民俗文化的发展，使其融入乡村旅游体验式活动，增强游客的互动性和参与性。顺应城市居民对乡村旅游餐饮消费的需求，在特色菜肴上下功夫，推出各类乡村特色土菜、名菜、招牌菜。举办美食大赛，提升乡村旅游餐饮服务水平。大力推进乡村旅游商品开发。组建旅游商品协会，加强旅游商品研发，扶持培育乡村旅游商品企业。扩大绿色有机农产品、土特产品以及手工艺品的生产加工和销售规模，鼓励生产企业创建品牌产品，大力发展集民俗、乡土、时尚于一体的乡村旅游商品。加快建设各类乡村旅游商品购物中心，促进乡村旅游商品生产、加工、销售一体化发展，延长休闲农业与乡村旅游产业链。

（九）提升农业对外开放水平

当前，随着“一带一路”农业国际合作的不断深化，农业全球化助推乡村振兴战略实施已成为新时代的新要求。为此，农业发展要抓住重要战略机遇期，大力推进贸易自由化。

一是融入“一带一路”。引导农业龙头企业抱团“走出去”，遴选农业“走出去”重点企业名单，并给予优先政策支持和金融保障。各级政府为“一带一路”国内外企业搭建信息服务平台，定期举办国际农业交流活动，增加合作机会。定期或不定期开展“一带一路”宣讲活动，帮助农业企业了解“一带一路”倡议的最新进展以及国家在融资渠道、贸易便利化等方面的优惠措施。

二是加快出口基地建设。以国际市场为导向，打造国家农产品地理标志农产品出口基地。以各地现代农业示范园区建设为载体，以农业产业集群为重点，大力培育绿色生态农产品出口安全示范区建设，推进绿色生态的农业产业集群发展。着力推进地方传统优势农产品出口，做大做强农业品加工企业，提高农产品的国际市场竞争力。

## 二、发展集体经济，改善民生福祉

巩固和发展壮大村级集体经济是推进农业农村现代化的重要基础，是实现农民共同富裕的前提条件，是巩固党在农村执政地位的坚强保障，是改善民生、提升现代化水平的有力支撑。

### （一）深化农村集体产权制度改革，发展多种形式股份合作

完善农民对集体资产股份的占有、收益、有偿退出和抵押、担保、继承等权能，充实农村集体产权权能。全面开展农村集体资产清产核资、集体成员身份确认，加快推进集体经营性资产股

份合作制改革，建立集体经济运行新机制，形成有效维护农村集体经济组织成员权利的治理体系。扩大资源变资产、资金变股金、农民变股东“三变”改革试点的广度和深度，在清产核资、确权登记的基础上，将村集体拥有的资源资产入股经营主体进行开发经营。鼓励各地整合财政支农资金，在不改变资金使用性质和用途的前提下，量化为村集体和农民持有的资金，入股经营主体。鼓励和引导农民在自愿的基础上，以土地（林地）承包经营权、住房财产权等入股经营主体。拓宽入股渠道，鼓励有条件的村民二次入股。

（二）探索增强集体经济发展活力有效途径，不断壮大村级集体经济实力

一是拓展集体经济发展形式。依托交通、资源等优势，因情制宜、因村制宜积极发展“一村一品”或“多村一品”，集中发展一批竞争力强的特色产业项目，增强乡村集体经济带动能力。推行“农业＋电商”，拓宽产业链，提升价值链，固化利益链。围绕瓜菜、畜牧、花卉、果品、优质粮等支柱产业，积极调整农业产业结构，发展壮大一批农业合作社、龙头企业，推进产业化、规模化经营，将农业资源优势转化为经济优势，提升乡村经济发展水平。因地制宜发展特色鲜明、产城融合、充满魅力的特色小镇和县域小城镇，加强以乡镇政府驻地为中心的农民生活圈建设，以镇带村、以村促镇，推动镇村联动发展、融合发展。

二是创新拓宽合作领域。鼓励农民以土地、林权、资金、劳动、技术及产品为纽带，开展多种形式的联合合作方式，依法组

建农民专业合作社联合社，发展农产品加工流通和直供直销，提高农户组织化经营程度，强化农民作为市场主体的平等地位，拓展农户市场空间、增强农户市场竞争力。合理引导农村集体经济组织挖掘集体土地、房屋、设施等资源及资产潜力，依法通过租赁、股份合作等形式，积极参与产业融合发展。加速培育社会化服务组织，发展主粮产品加工流通和直供直销，进一步扩大技术指导、技能培训、生产资料采购和经营、产品销售等统一服务范围，加强信用评价、保险推广、市场预测、产品营销等服务，转变传统的农业生产方式，为农民参与产业融合奠定基础、创造条件和提供支持。

三是构建新型农业经营体系。通过构建新型农业经营体系，加强技术、资金、产品、市场信息、农业生产资料等方面合作，通过改变种植结构、种养加方式等创新农业经营模式，最终实现双边双向交流的农业经营共生体向多边多向交流的农业经营共生体重构，推动形成“传统农户＋家庭经营主体＋农业企业”“传统农户＋家庭经营主体＋农民合作社”“家庭经营主体＋农业企业＋农民合作社”“传统农户＋家庭经营主体＋农业企业＋农民合作社”等新型农业经营体系，实现小农户与现代农业的有机衔接。

### （三）完善利益联结机制，增强农村集体经济辐射带动能力

一是创新收益分享模式。创新农业发展方式，建立长期稳定的订单式、合作式农业，引导农业产业化龙头企业在平等互利的基础上，与农户、家庭农场、农民合作社规范签订农产品购销、服务合同，合理确定收购价格、服务费用，形成规范的生产流程，

确保农产品质量，保持稳定的购销关系。加快推广“订单收购＋分红”“土地流转＋优先雇佣＋社保”“农民入股＋保底收益＋按股分红”“农户＋全程化社会服务”等多种利益联结方式，发挥企业、合作社的带动作用，让农户分享更多加工、销售环节收益，实现产业融合、利益耦合。鼓励农业产业化龙头企业与合作社、家庭农场、农业大户、普通农户等主体共同参与营销环节，完善农技开发、生产标准和质量追溯体系，实现风险共担、收益共享。开展农产品销售推介和品牌运作，降低经营风险，让农户更多分享产业链增值收益。鼓励农业产业化龙头企业通过设立风险资金、为农户提供信贷担保、领办或参办农民合作组织等多种形式，与农民建立稳定的订单和契约关系。完善涉农股份合作制企业利润分配机制，明确资本参与利润分配比例上限。

二是强化政策扶持引导。更好发挥政府扶持资金作用，提高产业化龙头企业、合作社及其他涉及农业产业化经营服务主体等的综合实力，强化其联农带农激励机制，探索将新型农业经营主体带动农户数量和成效作为安排财政资金的重要参考依据的方式，构建农户、合作社和企业共同发展、共同受益的“命运共同体”。强化政府、职能部门监督作用，规范股份制改革，特别是以土地、林权为基础的各种合作形式，凡是享受财政投入或政策支持的承包经营者均应为股东方。支持符合条件的农民合作社优先承担政府涉农项目，落实财政项目资金直接投向农民合作社、形成资产转交合作社成员持有和管护的政策。鼓励将符合条件的财政资金特别是扶贫资金量化到农村集体经济组织和农户后，以自愿入股方式投入到新型农业经营主体，对农户土地经营权入股部分采取特殊保护，探索实行农民负盈不负亏的分配机制。

三是推动建设农产品主产区。优化涉农三产服务业布局，以农产品优势产区为主体，加强农产品集散中心、物流配送中心和展销中心建设，为农业发展提供强大支撑。以县城、重点镇和产业园区为主要载体，加快涉农工业产业集聚发展，发挥规模经济效益。加快现代农业产业园区和产业化示范基地建设，推进农业规模化、标准化生产。

四是加强财政补助资金的管理力度。优化乡村生产空间格局应结合美丽乡村建设，加大对基建配套及其管护的支持力度，合理布局农业基础设施，构建“点—线—面”农业生产服务网络，建立完善的农用地及其基建配套管护机制，真正做到建设与管护齐头并进。合理分配使用财政补助资金，建立公开透明的财政资金使用信息公示平台，加强群众监管机制，真正发挥其功能效益。

### （四）加强政府政策扶持，完善产业可持续发展体制机制

健全的产业服务体制机制是农业经营主体开展合作和发展现代农业的重要外部环境推力。要加大政府政策鼓励和财政支持，创新财政资金支持方式，进一步扩大农业保险的业务种类及投保品种范围，加强税收优惠和金融支持力度，完善现代农业产业可持续发展的体制机制。

一是完善配套服务设施建设。坚持农业农村优先发展，健全投入保障制度，完善政府投资体制，创新投融资机制，推动各类资金资源向农业农村倾斜，充分激发社会投资的动力和活力，加

快形成财政优先保障、社会积极参与的多元投入格局，实现投入力度不断增强、投入总量持续增加。推进土地适度规模经营，优化生产经营流通体系。加快扶持家庭农村合作社、农业龙头企业等新型农业经营主体，发展农业生产性服务业，鼓励开展市场化和专业化服务。

二是保障财政资金投入。依法依规大力推进县级涉农资金统筹整合长效机制，实行行业内在预算编制环节源头整合、行业间在执行环节统筹，逐步建立“大专项＋任务清单”管理方式。强化绿色生态导向，加大政府投资对农业绿色生产、农村人居环境、基本公共服务等重点领域和薄弱环节的支持力度，充分发挥投资对优化供给结构的关键性作用。积极利用新增一般债务限额支持乡村振兴的公益性项目建设，发行一般债券筹措资金。探索发展能实现融资和收益平衡的乡村公益性项目，积极申报试点发行专项债券资金。

三是提高土地出让收益比例。坚持取之于地，主要用之于农的原则，在政策框架范围内调整完善土地出让收入使用范围，进一步提高农业农村投入比例，所筹集资金用于支持实施乡村振兴战略。改进耕地占补平衡管理办法，建立高标准农田建设等新增耕地指标和城乡建设用地增减挂钩节余指标调剂机制，将所得收益全部用于巩固脱贫攻坚成果和支持实施乡村振兴战略。

四是引导撬动社会资本。深化“三变”改革，规范有序盘活农业农村基础设施存量资产，回收资金主要用于补短板、强弱项等项目建设。深化“放管服”改革，鼓励工商资本投入农业农村，支持工商企业为乡村振兴提供综合性解决方案。鼓励利用外资开展现代农业、产业融合、生态修复、人居环境整治和农村基础设施等建设。支持农垦、供销系统和大型国有企业发挥示范带动作用。推广一事一议、以奖代补等方式，鼓励农民对直接受益的乡村基础设施建设投工投劳，让农民更多参与建设管护，增加农民收入。推进政府和社会资本合作，实行以奖代补和贷款贴息，建立担保机制和风险补偿基金，发挥财政资金的引导和杠杆作用，撬动社会资本支持乡村振兴。引导社会各界积极援建，鼓励企业、社会组织、个人通过捐资捐物、结对帮扶、包村包户包项目等形式，支持乡村振兴。

## 三、适应市场竞争，引领民生发展

在保障乡村生产空间粮食生产能力的基础上，优先发展水稻、渔业、蔬菜等资源导向型产业，以及水果、林业、畜禽等市场导向型产业，以绿色精品、休闲观光为主线，优化农业产业结构和布局，加快农业新品种、新技术、新设施的应用，提高农业共生效益和市场竞争力。

一是延伸农业产业链。依托流转传统农户土地、吸纳传统农户剩余劳动力，打造集高效农业生态观光、乡村旅游休闲为一体的综合性农业观光园，实现农业的特色化、生态化、科技化、高效化，推进农业与旅游业的良性结合，优化农村产业结构，延伸农业产业链。比如，以水稻、蔬菜、水果、花卉为方向，注重果蔬品种改良，积极推广先进技术，不断提升特色果蔬的品质和产量，在注重特色果蔬生产供应的同时，拓展特色果蔬的休闲观光功能。同时，加强农业开发公司与水稻、小麦、蔬菜种植大户、家庭农场在农业技术、组织管理、劳动力、产品供需等方面的共生合作，通过“稻鱼共生”“鱼藕共生”等方式充分发挥农业共生界面功能，促进传统农户向家庭农场、专业大户转变，提高乡村整体景观风貌和休闲观光价值，提升增强生态观光园的集聚效应和辐射带动作用。

二是优化农业生产环节。坚持用绿色发展理念引领农业，转变发展方式，推进农作物秸秆和畜禽养殖废弃物的综合利用，大力倡导清洁农业和资源保护。强化政策扶持，增加资金投入，打好污染防治攻坚战，构建现代新型绿色农业体系。比如，根据乡村生产条件和区位特点，开展小麦、水稻等优良品种的引进、展示和试种栽培，突出良种良法配套、农机农艺融合、安全投入品使用和农业信息技术的综合运用，重点在推广高产高效多抗新品种、推广规模化标准化机械化的栽培技术、推进耕地质量建设和节肥、节药、节水上下功夫，推进田间设施标准化、栽培模式化、生产机械化、资源节约化、服务规范化，有效提升科技水平和可持续发展能力。

三是积极发展生态化养殖。按照农牧结合、种养平衡的原则，科学规划布局畜禽、水产养殖，合理确定养殖规模。对于规模化养殖场，因地制宜地采用污水减量、厌氧发酵、粪便堆肥等技术，按照“三改两分再利用、种养一体化”等模式处理畜禽粪污。鼓励和支持散养密集区实行畜禽粪污分户收集、集中处理。在种养密度较高的地区和新农村集中区因地制宜建设规模化沼气工程，同时支持多种模式发展规模化生物天然气工程。因地制宜推广畜禽粪污综合利用技术模式，规范和引导畜禽养殖场做好养殖废弃物资源化利用。加强水产健康养殖示范场建设，推广工厂化循环水养殖、池塘生态循环水养殖及大水面网箱养殖底排污等水产养殖技术。针对无害化处理后的养殖废水中富含的氮、磷、有机质等营养成分，因地制宜建设以处理后养殖废水贮存池为核心的养殖废水农田利用工程，配套灌溉管带和运输车辆。

四是大力发展循环农业。因地制宜推进秸秆肥料化、饲料化、基料化、原料化和能源化利用，建立健全秸秆收储运体系，推动秸秆综合利用产业发展，从根本上解决秸秆露天焚烧问题。在重点流域紧密依托畜禽养殖污染治理工程，建设以畜禽粪便和农作物秸秆为主要原料的基质产业和食用菌产业，以增殖利用促进农业废弃物有序收集。在重点区域开展农田残膜回收区域性示范，创新地膜回收与再利用机制，配备农田残膜回收机械、农用运输车、打包机等设备集中回收废旧地膜。推广加厚地膜和可降解地膜，重点建设以废旧地膜资源化利用为目标的废旧地膜回收网点和加工厂。

## 第二节　推动人力资本开发，夯实乡村振兴人才基础

推动实现农业农村全面振兴，人才优势是关键，人才资源是支撑。培养和造就一大批“懂农业　爱农村　爱农民”的农业农

村工作人才，是实现脱贫致富、农业农村全面振兴的重要保证和坚实支撑。习近平总书记强调，乡村振兴，人才是关键。要积极培养本土人才，鼓励外出能人返乡创业，鼓励大学生村官扎根基层，为乡村振兴提供人才保障。实施乡村振兴战略，要牢固树立“脱贫致富、人才先行”的思想理念，把人才培养放在脱贫致富、农业农村全面振兴全局中的重要位置、优先位置，切实发挥人才在转变农业发展方式、推动农业提质增效、实现农业转型升级的内生性动力作用，加快形成人才队伍建设与农业农村经济社会发展协调联动、互促互动、良性互动的发展格局，加快构建“人尽其才、才尽其用”的管理培养机制，推动形成农业农村工作部门牵头、相关职能部门配合、社会主体广泛参与的农业农村人才工作格局。

## 一、加快培养农业生产经营人才

习近平总书记指出，要推动乡村人才振兴，把人力资本开发放在首要位置，强化乡村振兴人才支撑，加快培育新型农业经营主体，让愿意留在乡村、建设家乡的人留得安心，让愿意上山下乡、回报乡村的人更有信心，激励各类人才在农村广阔天地大施所能、大展才华、大显身手，打造一支强大的乡村振兴人才队伍，在乡村形成人才、土地、资金、产业汇聚的良性循环。从长远看，发展现代农业，必须加大农业技能人才培养力度，建设知识型、技能型、创新型农业劳动者大军，全面提升农业劳动者职业技能水平。各级政府要积极营造“重视农业、尊重人才”的良好氛围，搭建农业农村人才敢于创新、勇于实践、善于创造的发展平台，弘扬工匠精神，树立样板典型，促进各类人才在农业农村现代化的生动实践中早日成才、加速成长，为脱贫致富、农业农村全面振兴提供人才支撑和智力支持。

（一）培育新型职业农民

当前乡村生产空间农业经营主体以传统农户为主要成分，专业大户和家庭农场也是由传统农户发展形成，加之青壮劳动力外流形势严峻，农业经营主体呈现老弱化、老龄化现象，而且传统农户、专业大户、家庭农场等农业经营思想意识落后、农业生产技术缺乏，不能满足现代农业生产经营需求。为此，提高农业经营主体职业素养，加快传统农户向新型农业经营主体转变迫在眉睫。首先，引导传统农户等农业经营主体积极主动利用网络、电视、文化宣传栏等公共平台，注重将其所学在实践中进行检验，提高自身农业生产技术知识和实践经验；其次，支持村民委员会和新型农业经营主体联合开展农业技能培训、农业技能比赛，邀请知名专家开展专题讲座等，培养更多懂技术、有文化、会管理的新型职业农民，提高农业经营主体核心竞争力。

（二）培育和壮大龙头企业

鼓励适宜工商资本到农村投资建设能够发挥乡村资源禀赋，适合规模化经营、产业化发展的农业项目。鼓励龙头企业发挥乡村资源优势建立原料基地和农产品精深加工基地，提升乡村农业产业化、规模化、专业化水平。着力提升龙头企业科技水平，支持企业自主设立研发机构或与高等院校、科研院所深度合作开展农业技术成果研发，加快农业科技成果转化。鼓励龙头企业建设现代物流体系，加强产业链建设和供应链管理，健全农产品营销网络。鼓励龙头企业建立现代企业制度，提升企业和产品的市场竞争力。鼓励龙头企业与当地农户形成互惠共赢的产业共同体。大力发展农产品精深加工和现代流通，培育具有较强竞争力的大型现代农业企业集团，形成引领行业发展的排头兵，示范带动农村产业融合发展。

（三）规范发展农民专业合作社

鼓励农业龙头企业、专业大户、农村经纪人领办和创办农民专业合作社，拓宽合作领域，鼓励农民专业合作社从产品合作走向产业合作，从单一要素合作走向全要素合作，从生产终端合作走向全产业链合作。全面推行管理规范化、生产标准化、经营品牌化、社务信息化、产品安全化、成员技能化、服务全程化“七化”建设，提升民主监督、民主管理水平，增强合作社发展活力和内生动力。鼓励发展农民专业合作社联合社，进一步发挥合作社的辐射引领作用。

（四）规范发展家庭农场

发挥乡村区域空间资源优势和产业优势，加快培育家庭农场并推动其规范化发展。鼓励具备条件的种养大户创建家庭农场。开展家庭农场示范场创建活动。完善家庭农场管理服务制度，推进家庭农场基础台账和名录系统全覆盖。

（五）加快培育现代农业产业化联合体

培育一批以龙头企业为核心、专业大户和家庭农场为基础、专业合作社为纽带，以契约形成要素、产业和利益的紧密联结，集生产、加工和服务为一体化的现代农业产业化联合体。加速要素聚集，以集群化打造全产业链，以品牌化打造全价值链，以组织化打造全主体链，以信息化打造全创新链，以共赢化打造全利益链。

（六）加快建立新型经营主体支持政策体系

落实财政、税收、土地、信贷、保险等支持政策，扩大新型经营主体承担涉农项目规模，增强新型经营主体发展现代农业能力和水平。鼓励新型经营主体实施品牌化战略，充分发挥农产品地理标志、绿色食品和地方名牌产品引导作用，扩大社会知名度、影响力和美誉度。

## 二、加快培养乡村公共服务人才

（一）加大村民委员会学习培训力度

村民委员会及村民小组作为土地流转、基础设施管护等的行为主体，是村级行政单元的管理者，对吸引和整合先进人才、技术、资金等优势资源，发展特色农业产业，拓宽农业经营范畴、丰富产品内容与服务功能，都发挥着重要的引导作用。同时，村民委员会在发展现代农业和促进农业经营主体共生的过程中充当重要角色，为了更好地满足市场需求和适应形势发展，进一步提高村域农业整体竞争力，加强村委干部的培训与学习，提升其公务处理能力，既是必然要求，也是应势而为。首先，加强村委干部的党性修养，始终坚持“以人为本”的工作理念；其次，认真学习党的方针政策和农业精神，制订合理计划贯彻落实工作任务与要求；最后，自觉学习加强其公务处理技能与知识，提高其高效处理公务的能力，增强其公共影响力与号召力。

### （二）培育壮大创新创业群体

加强村域创新创业培训，鼓励农民、农民工、种养大户、家庭农场主及农民专业合作组织、农业专业技术协会等，围绕乡村农业农村生产经营特色，就地创业、返乡创业。加大县域农民兴业创业支持力度，引导利用家乡资源和要素，把适合的产业转移到家乡再创业、再发展。引导和鼓励高校毕业生到乡村创新创业，提升大学生创新创业能力。深入实施乡村农业科技创新工程，培养一批农业技术推广领军人才，建设农业科技创新平台、现代农业产业技术体系，重点加强农业资源高效利用、农产品保鲜及精深加工、健康食品开发、生态修复、生物育种、智慧农业、农机装备等农业重点领域和关键环节科技创新，鼓励农业科技人员到乡村兼职和离岗创新创业。培育以企业为主导的农业产业技术创新战略联盟，引导工商资本投资适合产业化、规模化、集约化经营的农业领域，加速资金、技术和服务扩散，发展绿色农业、加工物流、休闲文旅、研学创意、生态康养等方面的综合经营，带动和支持返乡创业人员依托相关产业链创业发展，为乡村振兴注入现代生产元素和人力支撑。同时，整合政府、企业、社会等多方资源，推动政策、科技、资本等各类要素向乡村创新创业集聚。

### （三）支持各类人才返乡

一是引导各类能人各种形式返乡。以乡情乡愁为纽带，引导和支持企业家、党政干部、专家学者、医生教师、规划师、建筑师、律师、技能人才等，通过下乡担任志愿者、投资兴业、行医办学、捐资捐物、法律服务等方式服务乡村振兴事业，允许符合要求的公职人员回乡任职。

二是继续实施人才支持计划。深入推进大学生村官工作，因地制宜实施“三支一扶”、高校毕业生基层成长等计划，开展乡村振兴“巾帼行动”、青春建功行动，制定政策将其中的优秀者吸收到农业农村的管理干部队伍之中，让优秀人才走上治理村务、发展经济的重要岗位。建立城乡、区域、校地之间人才培养合作与交流机制。全面建立城市医生教师、科技文化人员等定期服务乡村机制。

三是探索建立吸引人才服务乡村的政策机制。加快推进户籍、社保等相关制度城乡一体化的改革力度，实现医疗、养老、失业、住房公积金等“户随人转”。探索试点土地流转、宅基地、集体经济、农民合作社等有偿准入的机制，构建人才分享农村发展的机制和渠道，建立健全人才“下得去、留得住、干得好、流得动”的长效机制。

四是加强新乡贤队伍培育。实施新乡贤培育与成长工程。引导村内老党员、老干部、人大代表、退伍、复员军人、经济文化能人等群体扎根本土，发现、培养、壮大新乡贤队伍。建立完善新乡贤吸纳机制，鼓励离退休党员干部、知识分子和工商界人士“告老还乡”，到乡村发挥余热、施展才能，实现宝贵人才资源从乡村流出再到返回乡村的良性循环。建立新乡贤队伍使用机制。鼓励党性强、有能力、威望高的离退休干部积极参与农村党组织建设并担任一定职务，协助或带领农村党组织充分发挥战斗堡垒作用，为乡村振兴提供坚强组织保证。积极参与新时代村规民约制定和治安维稳、民主协商工作，带动群众移风易俗。牵头组织农村“五老”、人大代表、退伍复员军人、经济文化能人等各类人才，加入新乡贤队伍，到农村组织开展各类农业技能培训。组建乡村志愿服务队伍，组织开展农村五保户、空巢老人、留守儿童、因病致贫群众等弱势群体帮扶活动，开展农村卫生清洁、健康知识宣传、文明劝导、平安建设等各种志愿服务活动。

## 三、加快培养农业农村科技人才

### （一）加强农技推广人才队伍建设

继续实施乡村农技推广骨干人才培养计划，深入开展技术交流、学习研修、观摩展示等活动。结合基层农技推广体系改革与建设补助政策，加强培训基地建设，组织县域农技推广人才参加知识更新培训，建立培训长效机制。深入实施“基层农技人员学历提升计划”，分期分批选送农技骨干到农业科研院校进行研修、深造。鼓励农技人员依托全国农业远程教育平台参加网络学习。稳步推进特岗计划、定向培养，鼓励和引导高校、职业院校涉农专业毕业生到乡镇农技推广机构工作。积极发展多元化、社会化农技推广服务队伍。加强国家农业技术推广机构人员聘用管理，严格农技人员上岗条件和聘用程序。创新激励机制，鼓励推广机构与经营性服务组织紧密结合，鼓励农业技术推广人员进入家庭农场、农民合作社和农业产业化龙头企业创新创业，在完成本职工作前提下参与经营性服务并获取合法收益。完善运行制度，健全人员聘用、业务培训、考评激励等机制。落实农技人员待遇，改善工作条件，建立工作经费保障长效机制。大力弘扬优秀农技人员的先进事迹。

（二）大力培育农业科技科普人才

扶持县域与涉农科研机构、高等院校、专业组织联合开设乡村农村实用科普人才培训班，根据乡村农村科普工作实际需要，培训村级科普员。利用农村远程教育网络，培训、指导科普员的工作，不断提高科普员的素质，提高科普服务能力。发挥“科普惠农兴村计划”等项目带动作用，加大对乡村农村科普带头人的激励力度。依托农业技术推广机构、农民合作经济组织、农村专业技术协会、农村科普示范基地、科普活动站等，采取培训、示范和与实践相结合的方式，培训农村实用科普人才。培养乡镇村中小学的科技辅导员队伍。加强农村中小学科学教育资源建设，改善农村中小学科技辅导员组织开展科学教育活动的条件，稳定和发展农村中小学科技辅导员队伍。鼓励大学生到农村地区开展科普服务活动。积极发展针对农村校外未成年人非正规教育的科技辅导员队伍。

（三）打造农业科技创新平台基地

一是培育农业科技实用人才。以“三区”人才支持计划科技人员专项计划为抓手，发挥科技特派员作用，加强对贫困地区返乡农民工、大学生村官、乡土人才、科技示范户的培训，培养一批懂技术、会经营、善管理的脱贫致富带头人和新型职业农民。

二是布局农村“星创天地”。依托农业科技园区、科技型企业、科技特派员创业基地、农民合作社等载体，利用线下孵化载体和线上网络平台，打造融合科技示范、技术合成、融资孵化、创新创业、平台服务于一体的创业基地，打造农村版众创空间。

三是建设一批创新型镇（村）。重点布局建设一批创新型镇（村），发挥科技创新在供给侧结构性改革中的基础、关键和引领作用，强化科技与经济社会发展的有效对接。

四是加快先进农业科技成果转化应用。鼓励高校、科研院所建立一批专业化的技术转移机构和面向企业的技术服务网络，通过研发合作、技术转让、技术许可、作价投资等多种形式，实现科技成果市场价值。健全县乡村三级科技成果转化工作网络，支持地方大力发展技术交易市场。面向绿色兴农重大需求，加大绿色技术供给，加强集成应用和示范推广。健全农业科技领域分配政策，落实科研成果转化及农业科技创新激励相关政策。

五是构建新型农业科技服务体系。健全基层农业技术推广体系，创新公益性农技推广服务方式，支持各类社会力量参与农技推广，全面实施农技推广服务特聘计划，加强农业重大技术协同推广。完善首席专家、农业技术推广人员和新型经营主体的联动机制，建立并完善“创新主体＋基层农技推广体系＋新型农业经营主体”的新型农业科技服务模式。

## 第三节　增强文化引领能力，夯实乡村振兴思想基础

乡村振兴，乡风文明是保障。习近平总书记指出，要推动乡

村文化振兴，加强农村思想道德建设和公共文化建设，以社会主义核心价值观为引领，深入挖掘优秀传统农耕文化蕴含的思想观念、人文精神、道德规范，培育挖掘乡土文化人才，弘扬主旋律和社会正气，培育文明乡风、良好家风、淳朴民风，改善农民精神风貌，提高乡村社会文明程度，焕发乡村文明新气象。建设文明乡风、推动乡村文化振兴，就是要深入挖掘农耕文化蕴含的优秀思想观念、人文精神、道德规范，并结合时代要求，在保护传承的基础上创造性转化、创新性发展，焕发乡风文明新气象，更好满足农民精神文化生活需求。同时，必须坚持物质文明和精神文明一起抓，提升农民精神风貌，培育文明乡风、良好家风、淳朴民风，不断提高乡村社会文明程度。

## 一、加强农村精神文化建设

乡村文化为乡村振兴“塑形铸魂”“定标指向”，是实施乡村振兴战略的思想保证、道德规范和精神支撑。乡村文化作为乡风文明的最鲜明标识和最深厚积淀，能够极大激发出基层群众的奋斗意识、奋斗情感和奋斗精神，能够最大程度汇集起实现乡村振兴的思想共识、行动自觉和动力源泉，转化为实施乡村振兴战略的磅礴力量和实践底气。因此，依托乡村现有文化资源，传承和发展乡村文化，提高乡村文化教育的影响力、感召力和辐射力，具有十分重要的现实意义和深远影响。

一是加强乡风民德建设。推动乡村文化振兴，要以乡村公共文化服务体系建设为载体，培育文明乡风、良好家风、淳朴民风；

要让中华优秀文化精髓如邻里守望、诚信重礼、勤俭节约的文明之风在乡村兴盛起来。乡风文明建设重在弘扬“重道立德”“以德化民”“以民养风”的德教传统。村干部率先垂范是乡风民德建设的关键所在。同时，要建立有效的道德实践载体，定期举办喜闻乐见、乐于参与、便于农民群众践行的活动。比如，开展道德大讲堂和“最美大家庭”“身边好人”“道德模范”“好媳妇”等多种形式的道德评选评议活动，积极发挥道德实践载体的抑恶扬善作用，从而积淀为良好的乡风民德。

二是注重价值引领。要发挥基层党组织领导核心作用，牢牢掌控主流意识形态领导权和话语权，构建与时俱进的乡村文化体系。以优秀传统文化为基础，深入挖掘乡村熟人社会蕴含的道德规范，结合时代要求进行创新，强化道德教化作用，引导农民向上向善、孝老爱亲、重义守信、勤俭持家，建设邻里守望、诚信重礼、勤俭节约的文明乡村。坚持社会主义核心价值体系，培养和践行社会主义核心价值观，切实发挥社会主义核心价值观道德引领和塑造整合功能。深入推进移风易俗，开展专项文明行动。遏制大操大办、相互攀比、“天价彩礼”、厚葬薄养等陈规陋习。加强无神论宣传教育，抵制封建迷信活动。

三是传承红色基因。红色文物是乡村文化的物质载体和现实依托，具有十分重要的历史文化遗产价值和教化后人的时代价值，必须要保护好、开发好、利用好，使之成为乡村文化承载乡村的历史印记、精神家园和时代高地。当前，要综合利用各地广泛开展“红色旅游”这一重要机遇，不断强化各级政府的职能职责，不断完善市场机制的配置作用，不断增强乡村基层群众的保护意识，切实做到在开发中保护、在保护中发展，实现通过发展红色旅游促进乡村革命历史文化遗产的保护和利用，激发当地村民爱护革命文物、保护革命文物的积极性和主动性，让更多人了解中国共产党和中国人民的革命历史和奋斗历程。

四是健全制度规范。加快乡村文化建设，要从制度化层面推动农民权益保障和利益诉求机制的完善，提升农民自组织能力，通过农民自我管理、自我教育、自我发展、当家作主意识的增强和能力的发挥，促进农民组织化程度提升，实现农村社区文化资源有效筹集以及保障农村公共文化产品优化整合和有效供给。

## 二、完善农村公共文化服务

一是深入开展基层文化活动。立足县情、乡情、村情，建设富有文化特色的村庄。大力开展宣传月活动，全面开展扫黑除恶专项斗争宣传活动，在传统宣传方式的基础上，利用新媒体比如悬挂标语、条幅、粉刷口号等方式达到全方位、无盲点深入宣传扫黑除恶专项斗争的良好局面。强化和改善对治安满意度的社情民意调查。深入开展法治知识宣传，培养群众知法、守法、用法和依法办事的能力。以构建法治社会的视角，正确把握乡情民俗，采取有效措施，使新时代中国特色社会主义理念进乡村、进社区街道、进学校，及时防范化解各类纠纷，把问题处理在萌芽状态。加强基层民主法制教育，增强广大公民的法律意识。大力宣传公民见义勇为先进事迹，大力表彰见义勇为的集体和个人，弘扬社会正气，增强群众安全感。

二是发挥乡村文化资源优势。承载乡村文化的乡村地区，在产业发展上具有自身独特优势。一是红色精神底蕴深厚，可以充分发挥党建示范引领作用，创新“党建＋产业链”模式，推动传统产业升级、特色产业提升、新兴产业壮大，特别是在红色文旅产业融合发展上下功夫，积极带动农家乐旅游、农产品销售、农耕文化体验、民俗等旅游消费新业态。二是红色文化资源丰富，可以利用战场纪念地、革命会议遗址、革命人物旧居、革命遗物等制作融合时代特色的红色创意产品，拓展乡村文化产品，建设乡村文化高地，丰富完善乡村文化产业链。三是打造乡村文化旅游品牌，从挖掘梳理、修缮保护、线路规划、景点打造、宣传推广等方面，系统进行谋划，做好顶层设计，推进实施一批乡村旅游重点开发建设项目，打造乡村旅游知名品牌，实现让山水留住乡愁、红色留住初心、文化留住梦想。

三是丰富乡村文化传播形式。乡村的文化史、革命史、创业史，就是国家民族悠久历史的缩影写照。乡村历史、乡村故事、乡村传统，不仅是乡村基层群众集体历史记忆的载体，更是实现乡村全面振兴的底蕴和底气。要根据不同受教对象，选择不同平台模式，采用喜闻乐见、通俗易懂的传播形式，寓教于业、寓教于游、寓教于事、寓教于物，讲好乡村故事，让更多人知党史、明党情、念党恩、跟党走，使乡村传统教育活动更时尚、更现代、更贴近生活、更贴近实际、更贴近群众，不断激发乡村干部群众热爱家乡、建设家乡、奉献家乡的积极性、主动性和创造性。

## 三、壮大乡村文化工作队伍

弘扬乡村文化、发挥教化作用、彰显时代价值，人才是关键。乡村文化专业人才是开发利用、宣传传播乡村文化的开拓者、践行者和主力军。没有一大批理想信念坚定、道德水平高尚、专业能力突出、业务素质优秀的乡村文化人才队伍，弘扬乡村文化价值、发挥乡村文化育人功能、引领时代发展风尚，都会陷于“在谋划中推进、在实施中落空”的被动局面。一方面，各级政府要高度重视乡村文化人才培育培养，为乡村文化人才增强业务能力、提升业务水平提供机遇平台，为乡村文化人才安心工作、潜心研究、精心从业配套完善保障条件。另一方面，大力鼓励支持乡村文化承载村域的村民传承乡村文化、宣传乡村文化、转化乡村文化、创新乡村文化，给予在弘扬乡村文化上做出重要贡献的人员奖励表彰，进一步调动各级各类乡村文化工作者的参与热情、创新激情和成业豪情，让乡村文化在乡村振兴中提供源源不断的活力、动力。

同时，立足在新时代发扬光大乡村文化，主动适应形势发展要求，进一步拓展丰富乡村文化的载体平台和表达方式，大力构建立体化、信息化、智能化、人性化、便捷化传播渠道，推动形成形式多样、层次多样、手段多样的宣传教育路径模式，深度挖掘宣传标语、文献资料、遗迹实物、英雄人物等乡村文化载体蕴含的深刻政治、经济、教育等鲜明价值，不断增强乡村文化教育的生动性、吸引力和感染力，打造乡村文化时代新高地，让乡村文化在乡村振兴中实现创造性发展和创新性转化。

## 第四节　强化生态保护能力，夯实乡村振兴条件基础

乡村振兴，生态宜居是关键。良好生态环境是农村最大优势和宝贵财富。习近平总书记指出，要推动乡村生态振兴，坚持绿色发展，加强农村突出环境问题综合治理，扎实实施农村人居环境整治三年行动计划，推进农村“厕所革命”，完善农村生活设施，打造农民安居乐业的美丽家园，让良好生态成为乡村振兴支撑点。推动乡村生态振兴，就是要以绿色发展为引领，严守生态保护红线，推进农业农村绿色发展，加快农村人居环境整治，打造农民安居乐业的美丽家园。同时，结合乡村实际，在重点补齐乡村在人居环境、环境问题综合治理、生态环境保护等方面存在短板的条件下，按照一村一品的要求，高标准打造园林示范村、休闲农业示范村、文化旅游村，提升美丽乡村建设水平。

### 一、牢固树立生态环境保护思想意识

坚持乡村振兴与新型城镇化双轮驱动，优化乡村生产生活生态空间，分类有序推进乡村发展，构建城乡协调联动的融合发展格局。加快推进城乡规划一体化，带动农村地区加快建设，按照有利生产、方便生活、适度集中的要求，引导和调控城乡融合发展，形成层级有序、结构合理、分工明确的新型城乡空间体系。把山水林田湖草作为一个生命共同体，进行统一保护、统一修复。

划定并严守生态保护红线，加强山水林田湖草综合治理、系统治理，强化对乡村生态安全具有重要影响的山脉、森林、河流、湖泊、湿地等重要生态空间保护。健全耕地森林河流湖泊休养生息制度，分类有序退出超载的边际产能。健全水生生态保护修复制度，科学划定禁养、限养、养殖区域。开展河湖水系连通和农村河塘清淤整治，全面推行河长制、湖长制。全面建立林长制，推进林业增绿增效行动。加强公益林管护，全面停止天然林商业性采伐，巩固提升退耕还林成果。协调推进湿地、草地、野生动植物资源保护，加大重点生态功能区、生态脆弱区的自然生态系统修复力度，维护生物多样性。打造乡村与生态共融，人与自然和谐发展的良好格局。

## 二、科学推进城乡规划一体化

一是推动多类规划合并统一。加快城乡产业发展、基础设施、公共服务、资源能源、生态环境保护等一体化进程，在空间形态上使城市更像城市，乡村更像乡村。坚持县域乡村规划先行，以县域乡村土地利用规划和建设规划为依据指导，建立完善乡村规划体系，推动村庄规划管理全覆盖。制定村级土地利用规划和乡村建设规划时，预测乡村人口流动趋势及空间分布，划定经济发展片区和乡村居民点管控边界，明确村镇规模和功能，分区分类制定特色风貌控制要求，切实提高乡村建设规划的综合性、约束性、前瞻性和科学性。

二是有序推进城乡人口流动。以人的城镇化为核心，以基本公共服务均等化为关键，提升城镇人口集聚功能。发挥县城基础好、落户成本低、吸引力强的优势，把县城打造成为农业转移人口市民化的重要平台。以重点镇、示范镇、特色小镇为基础，吸引带动农民到镇区生活就业。

三是稳步推进城乡建设用地整治。以统筹城乡发展为导向，以强村富民为目标，以保障农民权益为根本，开展城乡建设用地增减挂钩试点，释放农村建设用地潜力，促进土地集约节约利用，优化城乡建设用地布局，为推动乡村振兴拓展用地空间。增减挂钩必须充分尊重农民意愿，维护农村集体经济组织和农民的主体地位，增减挂钩指标应优先用于项目所在地的农民生产生活、农村新型社区、农村基础设施和公益设施建设，并留足农村非农产业发展建设用地空间，支持农村新产业新业态发展和农民就近就地就业。

## 三、立体化布局乡村发展

围绕保障国家粮食安全和重要农产品供给，应充分发挥乡村比较优势，重点建设以优势农产品为主体的农产品主产区。落实农业功能区制度，科学合理划定粮食生产功能区、重要农产品生产保护区和特色农产品优势区，合理划定养殖业适养、限养、禁养区域，严格保护农业生产空间。同时，适应农村现代产业发展需要，科学划分乡村经济发展片区，统筹推进农业产业园、科技园、创业园等各类园区建设。

一是统筹利用生产空间。将乡村生产逐步融入产业链和生产网络，引导乡村产业集聚集约高效发展。扶持家庭农场、合作社、龙头企业等新型农业经营主体，发展农业生产性服务业，鼓励开展市场化和专业化服务。布局农产品集散中心、物流配送中心和展销中心，创建国家农业高新技术产业示范区，形成相对完善的乡村产业发展体系。

二是优化布局生活空间。合理确定乡村生活设施用地位置、规模和建设标准，着力完善供水、供电、通信、污水垃圾处理、公共服务等配套设施，适当增加旅游、休闲等服务设施，建立健全长效管护机制，努力满足乡村发展需要。强化空间发展的人性化、多样化，规划建设农村社区党群服务中心、文体活动广场、村级办公场所、公园、停车场等村落公共生活空间。加快建设乡村电子商务服务体系，发展一批多功能的城镇商贸中心，充分满足农民休闲、娱乐、消费等多方面需求。

三是严格保护生态空间。严守生态保护红线，以资源环境承载力为约束，以用地条件综合评价为前提，以生态环境保护、治理、修复为先导，实施底线管控，彰显乡村生态特色，营造水相连、田成方、林成网的乡村美景，促进乡村集约绿色发展。

四是差异化推进村庄发展。顺应乡村发展规律和演变趋势，针对不同村庄发展现状、区位条件、资源禀赋等，综合考虑建设形态、居住规模、服务功能等因素，分类推进村庄建设。集聚提升类村庄。对资源禀赋丰裕、生态环境友好、产业支撑较强、地理位置优越、集体经济实力雄厚的村庄，应坚持高点定位，进一步增强产业优势、环境优势、竞争优势，高标准打造示范样板。

特色保护类村庄。对具备特色资源、产业基础较好，尤其是文化底蕴深厚、历史悠久、风貌独特的村庄，合理利用村庄特色资源，重点强化产业优势、发展多种经营、推动一二三产业融合发展，推动特色资源保护与村庄发展良性互促，打造乡村振兴特色村，加快向经济强村迈进。城郊融合类村庄。综合考虑工业化、城镇化和村庄自身发展需要，加快城乡产业融合发展、基础设施互联互通、公共服务共建共享，在形态上保留乡村风貌，在治理上体现城市水平，逐步强化服务城市发展、承接城市功能外溢、满足城市消费需求能力，为城乡融合发展提供实践支撑。搬迁撤并类村庄。坚持村庄搬迁撤并与新型城镇化、农业现代化相结合，依托安置新村、小城镇、产业园区、旅游景区等适宜区域，促进农民就地就近安居和转移就业。

## 四、有效管控各类开发利用活动

城市、镇、乡人民政府应当采取措施，有效管控各类开发利用活动对生产空间的占用和扰动，确定乡村生产空间内的基本农田数量不减少。从严控农业空间转为城镇空间，禁止占用基本农田违法转为城镇空间和生态空间；加强对生态空间转为农业空间的监督管理，鼓励城镇空间和符合国家要求的生态空间转为农业空间。农业空间与城镇空间、生态空间的相互转化利用，应依据资源环境承载力和国土空间开发适宜性、建设用地适宜性评价，根据功能变化情况，依法由有批准权的人民政府进行修改调整。国家能源、交通、水利、军事设施等重点建设项目选址确实无法避开农业空间的，尽量避免占用基本农田；确需占用基本农田以及涉及农用地转用或者征用土地的，应按照《基本农田保护条例》规定执行。

一是提高土地质量和利用效率。乡村生产空间内的现有各类建设用地，应根据农业生产需要和土地利用总体规划，结合土地综合整治、工况废弃地复垦利用、矿山环境恢复治理等各类工程，实施因地制宜促进农业空间内建设用地逐步有序退出；科学编制村庄布点规划，推进美丽乡村建设，合理促进中心村集聚发展，控制自然村庄的无序蔓延和扩展。

二是加强农村突出环境问题综合治理。实施水污染、土壤污染防治行动，严禁城镇污染向乡村转移扩散，打造山青、水碧、天蓝、地绿的宜居生态环境。加强农业面源污染防治，开展农业绿色发展行动，实现投入品减量化、生产清洁化、废弃物资源化、产业模式生态化。推进有机肥替代化肥、农作物秸秆综合利用、农膜及农药包装废弃物回收处理、病虫害绿色防控。加强农村水环境治理，保障农村饮用水水源安全。严禁工业和城镇污染向农业农村转移。加强农村环境监管能力建设，落实县乡两级农村环境保护主体责任。

三是建立市场化多元化生态补偿机制。落实农业功能区制度，加大重点生态功能区转移支付力度，完善生态保护成效与资金分配挂钩的激励约束机制。完善森林和湿地生态效益补偿制度，加快推进退耕还湿、湿地生态效益补偿试点。推行生态建设和保护以工代赈做法，提供更多生态公益岗位。

四是增加农业生态产品和服务供给。处理好开发和保护的关系，将乡村生态优势转化为发展生态经济的优势，提供更多更好的绿色生态产品和服务。加快发展森林草地旅游、河湖湿地观光等产业，积极开发观光农业、游憩休闲、健康养生、生态教育、农事体验等服务。依托县域内风景名胜等代表性特色景区，打造绿色生态环保的乡村生态旅游产业链，充分彰显乡村生态特色。

## 五、有效提升生态环境保护综合效益

一是全面推进河长制、湖长制。完善镇、村河长制、湖长制体系，强化各级河（湖）长的责任意识，加强水资源和河源水域岸线保护，加强水污染防治、水环境治理、水生态修复的执法监管。建立健全长效管理机制，按照“属地管理、分级负责、协同配合”的原则，建立“一河（湖）一档”，实行“一河（湖）一策”。着力开展河湖水系连通和农村河塘清淤整治，推进美丽河道和美丽池塘建设，强化湿地保护和恢复，实施退耕、退养还湖，有效管护县域内所有河流、湖泊、水库、渠道和塘坝。

二是全面推行林长制。固本强基抓“护绿”，扩面提质抓“增绿”，规范高效抓“管绿”，多措并举抓“用绿”，深化改革抓“活绿”，放活林地经营权，强化林业投融资服务，建好用好林权交易平台，着力激发林业发展动力。确保一山一坡、一园一林实行专人管理；实施乡村美化绿化工程，深入推进森林城镇、森林村庄建设。

## 第五节 优化运行体制机制，夯实乡村振兴组织基础

党的力量来自组织，组织是力量倍增器。农村基层党组织强不强，基层党组织书记行不行，直接关系乡村振兴战略的实施效果好不好。基层党组织，是实施乡村振兴战略的“主心骨”。习近平总书记指出，要推动乡村组织振兴，打造千千万万个坚强的农村基层党组织，培养千千万万名优秀的农村基层党组织书记，深化村民自治实践，发展农民合作经济组织，建立健全党委领导、政府负责、社会协同、公众参与、法治保障的现代乡村社会治理体制，确保乡村社会充满活力、安定有序。推动乡村组织振兴，就是要加强农村基层党组织建设，建设好农村基层党组织带头人队伍，加强农村基层党组织对乡村振兴的全面领导，完善村民自治制度，健全乡村治理体系，提高乡村治理能力，让乡村社会充满活力，具有自我管理和自我服务能力，确保广大农民安居乐业、农村社会安定有序。

### 一、强化基层党组织领导核心地位

党政军民学，东西南北中，党是领导一切的。实施乡村振兴战略，必须加强党对农业农村工作的全面领导，特别是发挥党的农村工作部门在农业农村工作中的“前哨”功能、“桥头堡”作用。深化村民自治实践，必须健全以党组织为核心的基层组织体系，更好地按照党的意志和精神领导基层治理，动员组织广大农

民，推动乡村全面振兴。同时，推动乡村组织振兴，还必须进一步完善村民自治制度，规范民主选举程序，健全村民议事、办事和监事等体系，推进乡村法治建设，提升乡村德治水平，促进自治、法治、德治有机结合。

目前，县域乡村范围内基本上以建制村或农村社区成立党总支或党支部，村总支书记或支部书记绝大多数通过法定程序担任了村民委员会主任，绝大多数村务监督委员会主任由支部（或总支）委员担任，村民委员会成员与村民代表大多由党员担任。农村基层党组织在乡村振兴过程中很好地发挥了政治领导、思想引领、群众组织、社会号召等重要作用。同时，村“两委”工作活动坚持民主集中制原则，凡是村集体的重大事项均按照“四议两公开”程序协商与处理，即村党组织提议、“两委”会商议、党员大会审议、村民（代表）会议决议、决议公开、实施情况公开。此外，县域乡村范围内基层党组织在组织建设与领导作用方面仍存在一些不足，主要是：农村基层党组织的建制比较单一；部分村“两委”内部与相互之间的关系还没有完全理顺；基层民主的内容与功能还有待强化；基层党组织在乡村产业振兴、人才振兴、文化振兴、生态振兴和组织振兴方面的作用还有待于进一步发挥。

因此，在继续巩固乡村基层党组织建设现有成就，继续发挥已有成熟经验的基础上，进一步发展的方向应该是：在组织建设方面，随着乡村农业现代化及农村二三产业的发展，应更多地在农村工业组织、商业组织中成立基层党组织，或建立村企、村商联合党组织，或打破乡村区域与城乡区域限制建立跨区域的党总支或党支部，对于非公组织党支部要找准定位、优化功能；在“两委”结构方面，应使“两委”成员的组成更为合理，运行更为科学，既要避免内耗内斗、组织无力，又要避免家长制、一言堂等弊端；在“两委”议事制度方面，尚需大力探索协商民主与代议民主的内容与形式，并使二者之间很好地衔接起来；在发挥党组织在乡村振兴中的战斗堡垒作用方面，既要看党组织运行的过程与形式，更要注重其在“产业兴旺、生态宜居、乡风文明、治理有效和生活富裕”方面取得的实实在在的效果。

## 二、选优配强基层党组织人员队伍

乡村组织振兴，必须加强农村基层党组织和党员队伍建设。要加大从乡村本土致富能手、外出务工经商人员、乡村大学毕业生、退伍复员军人中培养选拔农村党组织带头人力度。加大在青年农民、外出务工经商人员和妇女中发展党员力度，加强农村党员队伍建设。从这几年一些地方农村党组织和党员队伍发展现状来看，在农村基层党组织带头人队伍建设方面，乡村在“两委”换届选举中，党支部（总支）书记79.3%由现任干部产生，其他来源依次为机关事业单位下派干部、致富带富能手、退伍复员军人、外出经商务工人员以及村后备干部等；村“两委”其他成员，62.5%由现任干部产生，其他成员的来源结构与党支部（总支）书记的其他来源基本相同。就现实而言，乡村在农村基层党组织带头人队伍建设方面仍存在不足，一是源于乡村致富能手、工商经营者比例偏低；二是女性成员少、文化程度偏低、年龄结构偏大；三是待遇报酬仍然不够理想；四是上升通道过于狭窄。

因此，在巩固现有成就的同时，为适应乡村振兴发展形势要求，乡村农村基层党组织带头人建设下一步方向应该是：优化带头人队伍结构，顺应农村产业结构升级的趋势，积极地从致富能手、职业农民、工商经营者阶层中选拔带头人；努力提高女性、年轻人、高学历带头人的比例，对于女性与年轻人要“不拘一格降人才”，对于学历不能迷信，但同等条件下应更多地让回乡大学生充实到基层组织中；进一步提高村“两委”成员待遇，一是积极采取有效措施，让为农村提供公共服务的村带头人在收入方面达到城市中产阶层的收入水平，二是让更多有实力的家庭农场主、工商经营者兼职从事乡村公共管理；进一步扩大基层组织带头人上升通道，降低公务员、事业编制人员的准入门槛，可考虑以较大比例切块的方式，充分保证村“两委”成员通过竞争成为乡镇公职人员。

## 三、优化完善基层党组织队伍机构

基层党员队伍建设关乎党在基层的执政之基和力量之源，是把农村基层党组织建成坚强战斗堡垒的重要保证。因此，在组织发展上，要始终坚持把政治标准放在首位，严格标准条件，加大从青年农民、外出务工人员、妇女中发展党员的力度，做好选调优秀高校毕业生到基层工作，提高农村发展党员质量。同时，建立与乡村振兴工作要求相适应的省、市、县、乡、村五级乡村振兴机构和队伍，充实加强各级乡村振兴工作力量，独立设置乡村振兴部门，确保相关工作有效开展。此外，积极吸纳退伍复员军人、返乡创业农民工、大学生村官、退休养老乡贤等群体参与乡村振兴工作中，充分发挥这些人员的不同特长和独特优势，汇集更多智慧、更多力量、更多人才服务乡村振兴。

在党员教育上，在现有教育活动基础上，组织开展形式丰富多样、时代特征鲜明、易于入心入脑的党员教育活动，进一步加强党的基本理论、基本路线、基本方略和党的宗旨、党性、党纪、党的基本知识教育。加强农村党员教育、管理、监督，推进学习教育活动常态化、制度化、标准化和规范化，教育引导广大党员自觉用习近平新时代中国特色社会主义思想武装头脑。

在组织生活上，严格党的组织生活，全面落实“三会一课”、组织生活会、民主生活会、“党员活动日”、谈心谈话、民主评议党员、党员联系农户等制度。健全落实农村党员定期培训制度，强化知识和技能培训，继续实施农村党员干部素质提升工程。健全党员岗位创先争优长效机制，发挥党员先锋模范作用。通过开展党员挂牌、设立党员责任区、结对帮扶、党员承诺践诺和志愿服务等活动，树立先进典型，强化党员意识，真正做到一个党员就是一面旗帜。加强党内激励关怀帮扶，定期走访慰问农村老党员、生活困难党员，帮助解决实际困难。

在日常管理上，扩大党内基层民主，推动党务公开。加强党组织标准化建设工作，全面了解基层党组织党员教育、党费交纳、党组织活动开展情况、活动场所建设、经费投入等日常工作的贯彻落实情况，党组织标准化建设工作达标。实施农村带头人队伍整体优化提升行动，注重吸引高校毕业生、农民工、机关企事业单位优秀党员干部到村任职，选优配强村党组织书记。加强农村流动党员管理，实行定期走访、流动党员定期思想汇报制度。

# 第四章　健全乡村振兴领导管理机制

实施乡村振兴战略是党和国家的重大决策部署，是党管农村工作的重要实践行动，必须构建完善乡村振兴领导管理体制、建立健全具有中国特色的乡村振兴工作机制。要始终坚持党的领导、政府主导、社会力量协同的工作格局，充分发挥社会主义制度集中办大事的政治优势、组织优势和体制优势，始终强化党员领导干部的政治责任、使命意识和担当作风，为全面推进乡村振兴战略奠定坚强的组织领导保障。

## 第一节　切实加强党的全面领导

事在四方，要在中央。实施乡村振兴战略，推动乡村全面振兴，必须加强党的全面领导，完善党的农村工作领导体制机制，落实五级书记抓乡村振兴的领导责任，把党的领导的政治优势转化为重农强农的行动自觉，切实提高新时代党全面领导农村工作的能力和水平。

## 一、指方向——发挥核心引领作用

全面落实乡村振兴各级党委政府主体责任，严格落实“五级书记抓乡村振兴”，切实做到一级抓一级、层层抓落实。省（自治区、直辖市）党委政府对全省（自治区、直辖市）乡村振兴工作负总责，做好目标确定、上下衔接、域内协调、检查指导、督促考核等工作。市县（区）级党委政府是乡村振兴的责任主体，党政主要负责同志是第一责任人，负直接责任，做好路径选择、进度安排、项目落地、资金使用、人力调配、推进实施等工作。

县域乡村空间特色各异、特点各具，在落实乡村振兴决策部署时，必须因地制宜、分类指导、统筹推进、协调安排，做到既全面推进，又各有特色特点。比如，在具体工作落实中，可以依据地貌特点划定不同区块分类别精准发力：在山区，重点围绕生态保护、产业振兴、文化旅游，着力打造坚强的农村基层党组织，培养带领村民脱贫致富的先锋党组织。在平原地区，重点落实特色产业发展，完善乡村有效治理体系。在城郊结合区，重点发挥基层党组织服务功能和引领作用，尤其是加强对进城务工人员、外出经商者的思想政治教育，及时处理好群众利益纠纷，着力解决一些基层党组织弱化虚化边缘化问题。

## 二、明初心——牢记肩负责任使命

实施乡村振兴战略，其出发点和落脚点在于“农业强、农村美、农民富”，在于建设现代化乡村，这是各级党组织和党员干部的职责任务，也是使命要求。基层党组织是党的组织力、号召力、影响力和战斗力的基础和关键，党员干部是做好乡村振兴工作的组织者、实践者、推动者和责任者。在乡村振兴工作中，始终强化基层党组织建设特别是村级党支部建设，直接关系到乡村振兴战略的部署落实情况和取得成效大小。因此，组织建设上，健全完善基层组织设置，实现党的基层组织特别是村级党支部全覆盖、无盲区、没遗漏；在条件保障上，完善基层组织经费保障机制，重点做好组织活动经费、村办公经费、村干部报酬以及其他必要支出的配套保障工作；在人员配备上，选好第一书记“带头人”、配好基层两委班子人员、派好驻村工作队、定好帮扶责任人；在监督考核上，持之以恒、久久为功，见实效、出实绩；在运行管理上，健全完善党组织领导的村民自治机制，深入推进党务公开、村务公开，注重发挥乡风民约重要作用，加快构建自治、德治、法治相结合的乡村治理体系。

## 三、强本领——细化实化任务要求

认真落实《中国共产党党务公开条例（试行）》，积极推进党务村务财务公开，及时回应党员和群众关切的问题，以公开促落实、促监督、促改进。建立完备的培训班管理制度，强化培训班自我管理意识，从落实精准培训任务、提升培训质量、增强培训效果等方面出发，强化训前、训中、训后各个环节的监督检查，探索培训管理跟踪问效机制，有效激发党员干部参训实效。坚持高标准、严要求，把党中央精神的学习汇报落实到具体思路、具体举措上，落实到具体事、具体人上。坚持实事求是，具体问题具体分析，推动工作往实里做、往实效处做。搞好摸底排查、对标争创、考核验收，强化工作督导，坚决防止走过场、搞形式。

建立健全党管人才的科学运行机制和“条块结合”的人才工作考核评价机制，坚持和完善联系服务专家制度，加大人才引进力度；择优选拔政治素质高、业务能力强、能促发展帮民富的优秀干部担任村党组织“第一书记”，选好派强基层党组织带头人；加强干部谈心谈话，加大年轻干部培养，扩宽年轻干部来源。推进组织活动建设，以增强党组织生机活力为根本，突出思想政治教育和党性锻炼，严格执行“三会一课”、组织生活会等基本制度，加强基层党组活动室的软硬件建设，打造基层党组织和党员群众的活动阵地。

## 四、净风气——营造良好政治生态

以管党治党的新思想新部署指导新实践，以科学合理的标准增强党建工作的严肃性和规范性，以永远在路上的执着把全面从严治党覆盖到“最后一公里”。强化基层党组织建设责任与保障，必须把加强农村基层干部和党员的日常教育管理监督，深入学习习近平新时代中国特色社会主义思想作为教育培训的“必修课”，以集中教育与经常性教育相结合、组织培训和个人培训相结合的方式，分层分类开展基层党组织书记、党员和党务骨干培训；严格党内政治生活，以“主题党日”为载体，抓严抓实“三会一课”、组织生活会、民主评议党员等基本制度，探索提升党的组织生活活力的途径和办法。严格落实按“四议两公开”程序决策村级重大事项制度，促进村级事务运行健康有序。认真落实村干部小微权力清单、坐班值班、岗位目标责任制等制度，督促村干部履职尽责、为民服务。建立健全村干部经济责任审计、任期述职、责任追究等制度，规范村级事务运行。严厉整治惠农补贴、集体资产管理、土地征收等领域侵害农民利益的不正之风和腐败问题。稳妥有序开展不合格党员组织处置工作。

## 第二节　提升乡村社会治理能力

乡村振兴，治理有效是基础。党的十九届四中全会明确提出坚持和完善中国特色社会主义制度、推进国家治理体系和治理能力现代化，强调在构建基层社会治理新格局过程中，建立健全党委领导、政府负责、社会协同、公众参与、法治保障的现代乡村社会治理体制，健全党组织领导的自治、法治、德治相结合的城乡基层治理体系，健全社区管理和服务机制，推行网格化管理和服务，确保乡村社会充满活力、和谐有序。

### 一、深刻认识乡村社会治理的特殊地位和基础作用

随着我国城镇化、农业现代化深入的持续推进，乡村社会治理在国家经济社会发展中的地位和作用越来越重要，已成为国家治理体系构成的“基础细胞”和国家治理能力现代化体现的“关键领域”，是推进国家治理体系和治理能力现代化的现实支撑。现

实表明，乡村社会治理作为国家治理体系第一线，在维护社会稳定中发挥着“前沿阵地”的基础性、关键性和战略性作用。而乡村社会治理成为反映社情民意、传播科学卫生知识、宣传党和政府政策措施、配合支持应急管理工作的实践载体和路径渠道，直接关系治理体系和治理能力现代化的具体进展和结果成效，可以说是“地位特殊、作用关键”。同时，我们也必须深刻认识到乡村社会治理在治理场域、治理途径和治理方式等方面所独具的现实性、特殊性和复合性：一是治理场域全覆盖，从外到内无所不至；二是治理途径多方位，从远到近无所不包；三是治理方式宽领域，从高到低无所不容。在加强社会治理过程中，针对性地做好乡村社会治理引导应对工作，积极完善乡村社会治理治理体系，把基层群众动员起来，把农村社会组织起来，形成推动乡村振兴最大合力，已是必为之举、必行之策。

### （一）治理场域全覆盖，是提升治理能力的社会基础

实践证明，相对于城市治理的宏观广泛、面大线粗、形式集中，乡村社会治理主要体现在人们日常生活“零距离”的市井百态、柴米油盐、茶余饭后，场域覆盖范围广，信息精微度高，直接反映群众真实心理、文明素养和价值取向，是营造良好舆情环境和舆论氛围的社会基础。因此，今后较长一段时期，面临实施乡村振兴战略的新形势新特点新要求，必须继续做好乡村社会治理引导应对工作，特别是针对乡村社会治理场域全覆盖特点，及时回应社区民众的现实关切、日常疑问和舆论关注，做到乡村社会治理引导的现实性、专业性和适从性。

（二）治理途径多方位，是提升治理能力的关键环节

与一般治理途径不同，乡村社会治理直接融入于社会生活各层次，流载于社会生活各方面，辐散于全媒体时代信息网，线上线下、网内网外、里里外外、虚虚实实，可以说是无孔不入、无所不在。不了解乡村社会治理途径的多样多变，离开了乡村社会治理现实环境的有效支撑，乡村社会治理很难落地生根、走入“寻常百姓家”。在推进社会治理体系和治理能力现代化的新形势下，乡村社会治理守护着亿万农户的健康和安全，乡村社会治理承载着大量普通百姓社情民意的表达和上传，是党和政府做好社会治理工作的着力点，能够最大程度地凝聚乡村振兴建设社会共识。

（三）治理方式宽领域，是提升治理能力的现实支撑

加强乡村社会治理能力建设，离不开充足的物资保障、有序的生产生活，更离不开人们的守望相助、同心同德。著名教育家陶行知指出，“到处是生活，即到处是教育；整个社会是生活的场所，亦即教育之场所”。就乡村社会治理而言，通过社区成员之间的相互帮助、携手同行，可以更好彼此温暖、安定人心、凝聚力量，形成万众一心、众志成城的强大精神力量和持久精神动力。因此，针对乡村社会治理方式宽领域特点，要统筹利用各种传播渠道，充分发挥报刊、电视、广播等传统媒体权威性强、专业性高和微信、微博、短视频等新兴媒体形式活泼、覆盖面广的组合优势，推送科普知识，倡导科学生活，回应乡村社会治理成员事态关切，稳定社会大众心态，最大限度覆盖乡村社会治理领域，为营造积极健康、广泛持久的乡村社会治理环境提供群众基础和

思想共识。

## 二、准确把握乡村社会治理的短板弱项和改进方向

乡村社会治理是国家安全与社会建设的一个单元，是国家治理能力体系建设的重要支点。面对今后构建常态化、科学化、信息化、智能化、社会化的乡村社会治理现实需求和综合要求，仍然存在一些不足，主要表现在以下三个方面。

一是乡村社会治理的运行管理体制机制不健全。乡村社会治理与运行管理仍处于探索阶段，乡村社会治理的标准化、规范化、科学化程度有待提升完善。比如，不少乡村的治理应对工作片面依赖干部，群众参与不足，一定程度存在有“干部干、群众看”的现象，出现了农户接受度低、农户骨干未能被有效组织和整合的问题。

二是乡村社会治理现状与治理能力综合需求不匹配。一些乡村社会治理多是针对一般性的事务处理，不能完全适应实施乡村振兴战略现实而又复杂的综合需求，特别是乡村社会治理的体系化、专业化、规范化水平需要进一步增强。比如，一些乡村在社会治理中还存在基层干部服务意识、科学素养、专业素养不足的问题，尤其是卫生、金融、教育、科技等一些关键的专业性岗位，应对公共突发事件缺乏主动性、自觉性、警惕性，存在专业人员数量不足、能力不强的问题。

三是乡村社会治理保障机制不完善。乡村社会治理投入大、周期长、领域宽，需要配套完善相应的保障条件、保障资源、保

障机制，但目前大部分乡村尚未形成乡村社会治理的长效保障机制，存在着资金投入、技术供给、人员配备等一些短板弱项，一定程度上缺乏充足稳定持久的资源配置支撑条件。

## 三、切实做好乡村社会治理工作的合理引导和有效应对

乡村社会治理是国家应急管理能力建设的重要组成部分，是完善治理体系、实现治理能力现代化的前沿阵地。提升乡村社会治理能力和水平，为实施乡村振兴战略提供坚实的社会治理基础和条件保障，既是形势使然，更是现实必然。

### （一）优化治理单元，完善“网格化”治理布局

网格化社会治理是国家治理体系现代化的重要组成部分。“民惟邦本，本固邦宁”，人民群众日常生活的社区是国家治理的基本单元，只有乡村社会治理治理有序，国家治理才能稳定有序。网格化社会治理致力于加强各级党政机关与人民群众的沟通联系，通过共建共治共享社会治理共同体，把党的正确主张转变为群众的自觉行动，把新型群众路线的优势转变为网格化社会治理的效能。

一是切实做好顶层设计。乡村社会治理是一项系统工程，也是重大民生工程，涉及的范围广、规模大、领域多，必须要有“一张蓝图干到底”的精神和担当。因此，要按照“主体精细化、运行多元化、服务专业化、手段现代化、资源集成化”总体要求，从顶层设计上制定出台具体实施意见和办法，确保乡村社会治理建设工作摸到石头、走对路子，形成上下协调联动、体系融合互

动、信息双向流动的“大思路、大视野、大服务”建设格局。同时，构建乡村社会治理风险评估、监测和预警体系，摸清村域内资源享赋、人口结构、空间布局等情况，通过大数据、信息化手段方式持续收集、监测社区风险分类制定并实施乡村风险防控策略和预案，落实政府、乡村和群众责任，形成协同治理网络，组织好信息通报、群众参与、资源保障和困难帮扶等具体工作。

二是抓好农村基层党组织工作条例落实。扎实推进抓党建促乡村振兴，把农村基层党组织建成坚强战斗堡垒。强化农村基层党组织领导核心地位，创新组织设置和活动方式，以标准化建设为抓手，实施党支部建设提升行动。持续整顿软弱涣散村党组织，稳妥有序开展不合格党员处置工作，着力引导农村党员发挥先锋模范作用。健全选派第一书记工作长效机制，全面向软弱涣散村和集体经济薄弱村党组织派出第一书记。实施农村带头人队伍整体优化提升行动，注重吸引乡村高校毕业生、乡村本土致富带头人、外出务工经商人员、退伍复员军人、机关企事业单位优秀党员干部等到村任职。培养储备农村基层党员干部后备力量。选优配强村党组织书记，推动其通过选举担任村委会主任。健全从优秀村干部中选拔乡镇领导干部、考录乡镇机关公务员、招聘乡镇事业编制人员制度，继续推进优秀村党组织书记挂任乡镇领导班子成员工作，择优选拔优秀村干部、大学生村官、事业编制人员进入乡镇领导班子。建立健全村干部目标责任考核和报酬待遇动态增长机制，进一步提高村干部工资、医疗、养老等方面的待遇，充分调动村干部的工作积极性。

推进乡村综治中心标准化建设。健全落实社会治安综合治理领导责任制，加强人员和经费保障，完善功能和运行机制。全面建立乡村网格化服务管理机制，完善乡村多元矛盾纠纷化解机制，做到小事不出村。强力推进农村社会治安防控体系建设，大力推进农村“雪亮工程”建设，配齐配强村（居）社会治安防控力量，持续深化“一村一警”包村联系制度。深入开展扫黑除恶专项斗争，严厉打击农村黑恶势力、宗族恶势力。严厉打击农村涉赌、涉黄和盗拐骗等违法犯罪。大力开展治安突出问题整治，落实挂牌、督办、约谈制度。依法加大对农村非法宗教活动和境外渗透活动的打击力度，依法制止利用宗教干预农村公共事务，深入开展农村反邪教斗争。健全农村公共安全体系，持续开展农村安全隐患治理，重点加强农村道路交通安全、消防安全和安全生产工作，坚决遏制重特大安全事故。深入开展基层平安创建活动，扩大覆盖面和建成率，提高农民群众的安全感和满意度。

（二）理顺治理关系，协调“一体化”治理格局

网络化治理强调资源整合，将纵向国家权力与横向社会参与有效连接，提升基层治理水平，推动社会治理升级。同时，通过多中心、参与式发展、协商民主等理论实践、网络化治理重构政社合作系统，避免科层组织延伸的弊端和网格化社会治理的困惑，强调平等、协商、互助、合作的关系网络，发挥扁平化的组织效能，实现组织沟通互动，增强人民群众归属感，达到资源共享与公共价值增值的目的。

一是构建“一键化”指挥体系。主动适应乡村治理现代化新

形势新要求，按照指挥体系扁平化、智能化、终端化的要求，推动辖区内各级部门、相关行业领域的队伍、装备、物资等应急资源有机整合，促进资源共有共享、协调联动、优势互补，实现基层社区韧性建设工作一线落实、资源一线集聚、服务一线开展。围绕健全完善“一个终端采集、一个中心共享、一个平台联动、一张指挥地图、一个后台管理”的“五个一”信息化治理体系，注重发挥大数据和智慧科技支撑作用，用好人脸识别、红外线成像等新技术、新模式、新产品，建立智慧化预警多点触发机制，强化日常监测能力，推进乡村社会治理领域技术装备现代化，实现管理指挥的精细化、智能化、便捷化、动态化，及时迅捷高效地处理日常事务。

二是建立“模块化”人才队伍。加强各种层次社会治理共建共享平台，形成多模式、多层次、多规模的“模块化”社会治理队伍体系，提高辖区内人才队伍在日常治理工作的快速响应和协同应对能力。一方面，根据乡村人口比率配齐建强一定规模数量的工作人员，确保社会治理建设有序有力，尤其是今后将社会治理体系末梢延伸到千家万户，更需要不断加强乡村社会治理人才队伍建设。另一方面，通过适当提高乡村社会治理工作者待遇、拓宽乡村社会治理工作者晋升空间等渠道来吸引更多人才加入平安乡村、和谐乡村、美丽乡村建设中，为提升乡村社会治理现代化能力和水平储备人才力量、优化人才结构、夯实人才基础。

三是明确县乡财政事权和支出责任。改进乡镇财政预算管理制度，使得乡镇财政预算和支出更加透明。鼓励县级政府建立城乡社区财政支出刚性指标约束机制，推进乡镇协商制度化、规范化建设。推进直接服务民生的公共事业部门改革，改进服务方式，最大限度方便农民群众。推动乡镇政务服务事项一窗式办理、部门信息系统一平台整合、社会服务。管理大数据一口径汇集，不断提升乡村治理智能化水平。健全监督体系，规范乡镇管理行为。改革创新考核体系，强化以群众满意度为重点的考核导向。

四是合理设置基层政权机构和人力资源。紧密结合乡村实际情况，围绕更好地服务人民群众，有效整合基层审批、服务、执法等方面力量，统筹机构编制资源，整合相关职能设立综合性机构，实行扁平化和网格化管理。有序推进社区综合信息管理和服务平台向农村延伸，形成完善的乡村便民服务体系。推动乡村治理重心下移，尽可能把资源、服务、管理下放到基层。加强乡镇领导班子建设，有计划地选派省市县机关部门有发展潜力的年轻干部到乡镇任职。加大从优秀选调生、乡镇事业编制人员、优秀村干部、大学生村官中选拔乡镇领导班子成员力度，加强对乡镇的财政支持，较大幅度提高和改善乡镇及村级“两委”班子成员的待遇。

五是树立依法治理理念。强化法律在维护农民权益、规范市场运行、农业支持保护、生态环境治理、化解农村社会矛盾等方面的权威地位。依法加强对村务治理的指导、对农村各类问题的预防和监管。加大农村普法力度，深入推进“法律进乡村”，广泛开展法治市、民主法治示范村等创建活动，持续推进省级中心村法治宣传教育工作，不断提高农民法治素养，引导广大农民增强尊法学法守法用法意识。推进农村法治宣传阵地建设，大力开展群众性法治文化活动。落实“一村一法律顾问”制度，积极推进村级公共法律服务实体平台建设，充分发挥法律服务微信群的作用，为农村群众提供普惠性、及时性、公益性的法律服务。

（三）适应治理变革，服务“现代化”治理大局

网格化社会治理赋予了群众路线在基层社会治理中的内在优势，在网格化社会治理过程中，国家通过“放管服”引导多元主体参与社会事务，调动多元主体的参与性、主动性，激发社会活力，进而推进人民群众行使民主权利、参与公共管理，充分发挥其在乡村社会治理自治中的重要作用。

一是推进农村基层服务规范化标准化。优化公共服务和行政审批职责，按照“一窗多能、一岗多责、定岗定责”的要求，建立规范化“一门式办理”“一站式服务”的综合服务平台。探索建立农村社区公共空间、公共设施、公共绿化等认捐、认建、认管机制，积极培育服务性、公益性、互助性农村社会组织，发展农村社会工作和志愿服务。吸纳非户籍居民参与农村社区协商，维护外出务工居民在户籍所在地农村社区权利，引导农村居民参与社区公共事务和公益事业管理。开展农村基层减负工作，集中清理上级对村级组织考评评比多、创建达标多、检查督查多等突出问题。

二是深化提升村民自治工作。健全村民自治机制，完善村民自治组织体系，发挥自治章程、村规民约的积极作用。全面建立健全村务监督委员会，推行村级事务阳光工程。依托村民会议、

村民代表会议、村民议事会、村民理事会、村民监事会等，形成民事民议、民事民办、民事民管的多层次基层协商格局。积极发挥新乡贤作用，制定鼓励退休公职人员、致富能手、复转军人、教师、医生等参与村庄治理的措施和办法，强化对村民自治的支持和扶持，推动乡村治理重心下移。创新基层管理体制机制，加快农村社区建设试点进度，实现村级全覆盖。加强农村社区治理创新，开展以村民小组或自然村为基本单元的村民自治试点工作；整合优化公共服务和行政审批职责，打造“一门式办理”“一站式服务”的农村社区综合服务平台；在村庄建立网上服务站点，逐步形成完善的乡村便民服务体系。大力培育服务性、公益性、互助性农村社会组织，积极发展农村社会工作和志愿服务。维护村民委员会、农村集体经济组织、农村合作经济组织的特别法人地位和权利。

# 第五章　全面脱贫全面振兴的历史地位、时代价值和世界意义

打赢脱贫攻坚战、实现全面脱贫在理论与实践结合上深刻回答了中国特色社会主义新时代“开展什么样的扶贫开发工作、怎样开展扶贫开发工作”这一重大时代课题，是对马克思主义消除贫困思想的发展创新，是中国化反贫困理论的最新成果，是习近平新时代中国特色社会主义思想的重要组成部分，是指导新时代我国扶贫开发工作的根本指南，是全面建成小康社会的重要支撑，也为世界范围内国际减贫脱贫事业特别是发展中国家贫困治理进而实现现代化贡献了中国智慧、提供了中国方案、发挥了中国作用。

## 第一节　全面脱贫的历史地位

马克思和恩格斯指出：“每一个时代的理论思维，从而我们时代的理论思维，都是一种历史的产物，在不同的时代具有非常不

同的形式，并因而具有非常不同的内容。”[①] 时代是思想之母，实践是理论之源。党的十八大以来，作为党和国家最高领导人，无论是干旱贫瘠的黄土高原，还是崎岖颠簸的老区山区，或是边远偏僻的南疆北国，习近平总书记多次深入贫困地区、贫困群众走访调研，指导地方扶贫开发工作，鲜明而前瞻性地提出“精准扶贫”理念，并在精准扶贫精准脱贫实践中不断丰富和发展，形成了系统化、理论化的关于脱贫攻坚的重要论述。习近平总书记关于脱贫攻坚重要论述不是无源之水、无本之木，是对马克思主义消除贫困思想和中国共产党反贫困理论的继承和发展，是对我国长期扶贫实践经验的深刻总结和创造性运用，具有重要的现实意义和深远的历史影响。

## 一、马克思主义中国化的理论创新成果

中国共产党自成立以来，无论是烽烟不绝、艰苦卓绝的革命战争年代，还是鼓足干劲、力争上游的建设改革发展时期，或是走近世界中心、走向民族复兴的伟大新时代，始终坚持不懈探索马克思主义中国化道路，从理论与实践的结合上丰富拓展马克思主义，开辟马克思主义中国化新境界，实现中国化马克思主义新发展，为马克思主义理论宝库贡献了中国智慧，彰显了中国化马克思主义、21 世纪马克思主义的中国特色。马克思主义反贫困理论是马克思主义理论的重要组成部分，也是马克思主义鲜明价值导向的集中体现。从理论渊源来看，马克思主义反贫困理论是打

① 《马克思恩格斯选集》第 4 卷，人民出版社 1995 年版，第 284 页。

赢脱贫攻坚战的理论基石，精准扶贫精准脱贫是对马克思主义反贫困理论的继承和发展，是中国化马克思主义反贫困理论的创新成果。

党的十八大以来，习近平总书记立足我国现实国情和时代特征，以马克思主义反贫困理论为指导，深刻总结我国长期扶贫开发实践经验，全面分析新时代扶贫开发工作新形势新特点新要求，着眼消除绝对贫困、解决区域性整体贫困问题，鲜明提出“精准扶贫”理念，并在精准扶贫精准脱贫实践中不断丰富发展，形成了系统化、理论化的关于脱贫攻坚重要论述这一中国化马克思主义反贫困理论最新成果，为取得新时代扶贫开发工作历史性成就奠定了坚实思想基础和根本行动指南，成为新时代马克思主义中国化的重要理论成果。比如，在贫困产生核心根源上，习近平总书记指出，消除贫困、改善民生、实现共同富裕是社会主义的本质要求，[①] 是马克思主义关于私有制产生贫困思想的继承和发展；在精准扶贫精准脱贫工作重点上，习近平总书记指出，革命老区、民族地区、边疆地区、贫困地区是扶贫重点区域，[②] 创造性运用了马克思主义矛盾分析方法；在精准扶贫精准脱贫体制机制上，习近平总书记强调坚持专项扶贫、行业扶贫、社会扶贫等多方力量、多种举措有机结合和互为支撑的“三位一体”大扶贫格局[③]，灵活运用了马克思主义辩证唯物主义基本理论；在精准扶贫精准

---

① 黄承伟：《深刻领会习近平精准扶贫思想　坚决打赢脱贫攻坚战》，中国共产党新闻网，http：//dangjian. people. com. cn/n1/2017/0823/c412885－29489835. html.

② 《做焦裕禄式的县委书记》，中央文献出版社 2015 年版，第 33 页。

③ 《习近平扶贫论述摘编》，中央文献出版社 2018 年版，第 106 页。

脱贫动力上，习近平总书记指出，脱贫攻坚是干出来的，首先靠的是贫困地区广大干部群众齐心干。[①] 深刻运用马克思主义唯物辩证法基本原理深刻阐述了内因在事物发展中所具有的最终决定作用。

## 二、习近平新时代中国特色社会主义思想的重要组成部分

党的十八大以来，我国正处在全面建成小康社会的关键历史节点，正处于实现中华民族伟大复兴的关键历史阶段，历史使命光荣，历史责任重大，历史担当迫切。中国特色社会主义进入新时代，党和国家站在了历史新起点，各项事业发生了历史性变革，中华民族正处于伟大复兴的关键阶段。深刻洞察、准确把握我国进入新时代的重大历史条件转变，以高瞻远瞩的时代站位、宏阔宽广的时代视野、深邃长远的时代思考来应对国家未来发展面临的一系列重大战略问题，尤为关键、尤为急切、尤为重要。伟大的时代呼唤伟大的理论，伟大的事业需要先进理论的指导。面对世情国情党情社情民情的深刻变化，面对“进行具有许多新的历史特点的伟大斗争”的现实要求，以习近平同志为核心的党中央推进党的建设新的伟大工程，推进中国特色社会主义伟大事业，逐渐形成了习近平新时代中国特色社会主义思想，党的面貌、国家的面貌、人民的面貌、军队的面貌，为之一新。习近平新时代中国特色社会主义思想是一个内涵丰富、逻辑缜密、体系严整的科学理论体系，涉及内政外交国防，贯穿治党治国治军，是马克思主义中国化最新

① 《习近平扶贫论述摘编》，中央文献出版社 2018 年版，第 138—139 页。

成果，是当代马克思主义，是中国特色社会主义理论体系的重要组成部分，对于实现“两个一百年”奋斗目标和中华民族伟大复兴的中国梦具有重要的思想理论指引和实践指导意义。

习近平总书记高度重视解决贫困区域、贫困人口的贫困问题，提出“精准扶贫”理念，把全面脱贫纳入“五位一体”总体布局和“四个全面”战略布局，并将其作为全面建成小康社会的底线任务，放在治国理政的重要位置，上升到国家战略的重要高度，细化实化在一系列扶贫开发部署安排、政策措施、工作要求等具体实践中。可以说，关于脱贫攻坚的重要论述是习近平新时代中国特色社会主义思想在扶贫开发领域的伟大实践，是习近平新时代中国特色社会主义思想在中国特色反贫困道路的全面运用，是习近平新时代中国特色社会主义思想的重要组成部分。

## 三、社会主义共同富裕思想的继承发展

习近平总书记多次强调，消除贫困、改善民生、实现共同富裕，是社会主义的本质要求。[①] 共同富裕是社会主义制度优越性的重要体现，是社会主义制度区别于以往社会制度特别是资本主义制度的根本特征，是坚持人民利益至上的必然选择。我们党始终坚持以人民为中心的发展思想，最大限度地调动一切积极因素推动经济社会发展，最大限度地发挥广大人民群众的积极性、主动性、创造性增加社会财富，在兼顾公平与效率的前提下，满足人民群众日益增长的美好生活需要，努力为促进人的全面

① 《习近平扶贫论述摘编》，中央文献出版社 2018 年版，第 3 页。

发展创造现实条件，使发展成果更多更公平惠及全体人民，确保全面建成小康社会路上“没有一个人掉队”，确保最广大的人民群众在共同富裕的道路上“没有一个人落伍”。

应该看到，全面建成小康社会，推动乡村全面振兴逐步实现共同富裕，最艰巨最繁重的任务在农村特别是在农村贫困地区。没有农村的小康，特别是没有农村贫困地区的小康，就没有实现全面建成小康社会的目标任务，就没有实现农业农村现代化也就不可能最终实现共同富裕。因此，要在巩固拓展脱贫攻坚成果基础上，深入实施乡村振兴战略，全面推动乡村实现振兴，牢固树立为逐步实现共同富裕而长期奋斗、不懈奋斗的思想意识和责任担当，坚决打赢精准扶贫精准脱贫攻坚战，补齐强化全面建成小康社会的短板弱项；高度重视刚刚实现脱贫摘帽贫困群众的生活生计困难，多解难事、多为实事、多做好事，不断提升贫困地区经济社会发展水平，切实改善贫困地区贫困群众生产生活条件，让包括贫困群众在内的全体社会成员在共建共享中有更多获得感、幸福感和安全感；继续解放思想，全面深化改革开放，不断激发社会动力活力，不断提高全体社会成员的积极性、主动性和创造性，进一步解放生产力和发展生产力，做大做强经济社会发展“蛋糕”，公平公正分好改革发展成果“蛋糕”，创造积累满足人民群众美好生活需要的现实条件，坚定不移走共同富裕道路。

## 四、区域性整体减贫脱贫的指导思想

习近平总书记关于脱贫攻坚重要论述具有强烈的现实性、社会性、针对性和实践性，因为这一理念观点生长于习近平同志个人长期一线扶贫工作经历、来自中国特色扶贫开发道路长期积累、形成于新时代精准扶贫精准脱贫伟大实践，为消除绝对贫困、解决区域性整体贫困问题提供了根本遵循，为解决我国复杂多元贫困问题提供了一整套科学理论方法。因此，以脱贫攻坚基本方略为指引，深刻领会、全面贯彻这一原创性反贫困理论的丰富内涵、精神实质和实践要求，对于打赢脱贫攻坚战、消除绝对贫困、解决区域性整体贫困问题具有“指南针”“定盘星”和“压舱石”的重要作用，也是实施乡村振兴战略的基础前提和基本条件。

实践证明，在脱贫攻坚基本方略的指引下，尽管面对世所罕见的反贫困复杂局面和现实困难，面对规模庞大的贫困人口数量，面对减贫脱贫的巨大压力，党和国家举全社会之力，集中力量攻克“贫中之贫、困中之困、难中之难、坚中之坚”，稳扎稳打，层层前推，渐次推进，攻城拔寨，取得了脱贫攻坚战的决定性进展，开创了扶贫开发工作的历史性局面。比如，习近平总书记提出了“真扶贫、扶真贫、真脱贫”的总体要求，为各级党委政府开展精准扶贫工作定下了“总基调”；习近平总书记要求扶贫工作做到“四个切实”（切实落实领导责任、切实做到精准扶贫、切实强化社会合力、切实加强基层组织），为各地开展脱贫攻坚设定了“路线图”；习近平总书记提出实施“五个一批”（发展生产脱贫一批、易地扶贫搬迁脱贫一批、生态补偿脱贫一批、发展教育脱贫一批、社会保障兜底一批），为相关部门组织实施扶贫开发工作提供了“工具箱”；习近平总书记强调加强领导是根本、把握精准是要义、增加投入是保障、各方参与是合力、群众参与是基础，[①] 为在精准扶贫脱贫攻坚中处理好各种重大关系指明了“方向标”。

## 五、以人民为中心发展理念的思想宣言

“天下顺治在民富，天下和静在民乐。”[②] 习近平总书记指出，我们党来自人民、植根人民、服务人民，党的根基在人民、血脉在人民、力量在人民。失去了人民拥护和支持，党的事业和工作就无从谈起。[③] 作为无产阶级政党，除了最广大人民的根本利益，我们党没有自身特殊利益，没有“小团体”固化利益格局和现实利益考量，唯有做好人民的“勤务员”、当好人民“公仆”的职责担当和使命要求。全面建成小康社会、加快推进社会主义现代化和实现中华民族的伟大复兴，从根本上说，就是不忘“为民”初心、继续“为民”前进，就是在深刻认识共产党执政规律、社会主义建设规律和人类社会发展规律的基础上，肩负起领导中华民族和中国人民走向人类文明发展的人间正道，肩负起促进人的全面发展的价值追求，肩负起实现“生产力极大提高、人民精神境界极大提升”的共产主义社会的历史自觉。这是最广大人民群众的根本利益所在，也是中国共产党最神圣的职责所在。

① 慎海雄：《习近平改革开放思想研究》，人民出版社 2018 年版，第 227 页。

② 王廷相：《慎言·御民篇》。

③ 习近平：《始终与人民心连心、同呼吸、共命运》，中国共产党新闻网，http：//cpc.people.com.cn/xuexi/n/2015/0813/c385474－27454725.html.

当前，“以人民为中心”的最现实体现、最紧迫要求、最紧要工作就是在2020年全面建成小康社会基础上实现乡村全面振兴，为广大人民群众解更多民忧、为更多民事、谋更多民利。与此同时，消除绝对贫困、解决区域性整体贫困问题，让贫困地区群众和全国人民一道进入全面小康社会，是我们党的庄严承诺和历史担当，是检验全面建成小康社会底色、成色与主色的重要标准。因此，面对纷繁复杂的社会现象和环境变化，在脱贫攻坚基本方略的指引下，我们要有“不畏浮云遮望眼，只缘身在最高层”的豪迈气概，始终保持坚定的信念，始终保持清醒的头脑，始终保持一心为民的激情，及时回应人民群众的期待，想群众之所想、急群众之所急、为群众之所盼，多谋让群众看得见、摸得着的实惠，真抓实干，艰苦奋斗，把实现好、维护好、发展好最广大人民的根本利益作为党和国家一切工作的出发点和落脚点，做到发展为了人民、发展依靠人民、发展成果由人民共享。

## 第二节　实现全面振兴的时代价值

岁月不居，时节如流。昨天已成为过去的历史，今天会成为明天的历史，事物总是不断运动变化、向前发展前进的。马克思主义认为：“一个伟大的基本思想，即认为世界不是一成不变的事物的集合体，而是过程的集合体，其中各个似乎稳定的事物以及它们在我们头脑中的思想映象即概念，都处在生成和灭亡的不断变化中，在这种变化中，前进的发展，不管一切表面的偶然性，也不管一切暂时的倒退，终究会给自己开辟道路。”[①] 实现全面振兴产生于新时代，在指导我国以精准扶贫精准脱贫为核心要义的扶贫开发进程中发挥了极其重要的理论指引和实践指南作用，这已被精准扶贫精准脱贫工作取得的历史性成就所证明。这一原创性反贫困理论，就其丰富内涵、精神实质和实践要求而言，是马克思主义政党政治原则立场、为民执政理念、鲜明价值导向、优良工作作风在扶贫领域的生动展开和具体实践。脱贫摘帽不是终点，而是新生活、新奋斗的起点。围绕立足新发展阶段、贯彻新发展理念、构建新发展格局带来的新形势、提出的新要求，坚持把解决好“三农”问题作为全党工作重中之重，坚持农业农村优先发展，走中国特色社会主义乡村振兴道路，持续缩小城乡区域发展差距，让低收入人口和欠发达地区共享发展成果，在现代化进程中不掉队、赶上来。可以说，推动实现乡村全面振兴的深度、广度、难度都不亚于脱贫攻坚，需要不断完善政策体系、工作体系、制度体系，以更有力的举措汇聚更强大的力量，加快农业农村现代化步伐，促进农业高质高效、乡村宜居宜业、农民富裕富足。面向未来，实现全面振兴必将在深化人民利益至上执政理念、推进国家治理体系和治理能力现代化、促进在发展中保障和改善民生、推动党的建设新的伟大工程的历史实践进程中彰显理论价值和时代价值。

① 《马克思恩格斯选集》第1卷，人民出版社1995年版，第187页。

## 一、深化人民利益至上执政理念

马克思、恩格斯在《共产党宣言》中指出，共产党所领导的“无产阶级运动是绝大多数人的、为绝大多数人谋利益的运动”。[①]这是对无产阶级政党阶级属性和历史使命最本质的概括，是对无产阶级政党政治本色和价值取向最鲜明的昭示。党的十八大以来，以习近平同志为核心的党中央坚持立党为公、执政为民的使命担当，坚持以民为本、以人为本的执政理念，把人民利益放在治国理政的突出位置，把增进民生福祉作为一切工作的出发点和落脚点，推动改革发展成果更多更公平惠及全体人民，深刻体现了人民利益至上的马克思主义政党的核心立场和立身根本。当前，在巩固拓展脱贫攻坚成果的基础上深入实施乡村振兴战略、推动乡村全面振兴，就是以习近平同志为核心的党中央以人民为中心发展思想、全心全意为人民服务执政理念的生动体现和具体实践。

群众利益无小事，一枝一叶总关情。为人民执好政用好权，是我们党永远的使命担当；为人民谋利益求幸福，是我们党长期执政的根本立场。在巩固拓展脱贫攻坚成果的决战决胜阶段，在全面建成小康社会基础上推动乡村全面振兴的关键时间节点，在全面建设社会主义现代化强国、走向中华民族伟大复兴的历史新时代，我们更加需要紧紧依靠人民破解发展难题、增强发展动力、厚植发展优势，推动实现更大发展；更加需要“充分发扬民主，

① 《马克思恩格斯选集》第1卷，人民出版社1995年版，第283页。

广泛汇聚民智，最大激发民力，形成人人参与、人人尽力、人人都有成就感的生动局面”；更加需要增强“拜人民为师”的自觉性、主动性和坚定性，充分尊重人民创造、人民拥有和人民意愿；更加需要把“人民群众答应不答应、人民群众拥护不拥护、人民群众高兴不高兴、人民群众满意不满意”的工作成效检验标准落细、落地、落实；更加需要密切党同人民群众的血肉联系，依靠人民谋求发展，谋求发展为了人民，切实做到与人民群众手拉手、心连心、同呼吸、共命运。

## 二、推进国家治理体系和治理能力现代化

党的十八大首次正式提出“全面建成小康社会”的宏伟目标任务，这是党和国家对全国各族人民的郑重庄严承诺，意味着将社会主义现代化建设事业推进到新的历史阶段。全面建成小康社会，必然要求推进国家治理体系和治理能力现代化，这是全面建成小康社会的重要标志和重要保障。作为全面建成小康社会的底线任务，以精准扶贫精准脱贫为基本方略的扶贫开发工作，正是推进国家治理体系和治理能力现代化在扶贫领域的具体实践和深化拓展，也是检验国家治理体系和治理能力现代化的重要标准。因此，党的十八大以来，以习近平同志为核心的党中央，高度重视扶贫开发工作，着力解决贫困地区、贫困群众的生产生活困难，把精准扶贫纳入“五位一体”总体布局和“四个全面”战略布局当中，放在治国理政的重要位置，处于全面建成小康社会的优先位置，融入国家政治建设、经济建设、社会建设、文化建设、生

态文明建设的全过程、各方面，真正把“真扶贫、扶真贫、真脱贫”谋到实处、落到实处、干到实处。面对未来，深入实施乡村振兴战略、推动乡村实现全面振兴，“治理有效”是重要保障和基础条件，也是推进国家治理体系和治理能力现代化的重要支撑和基本前提，必须慎终如始、久久为功、善作善成。

在政治建设方面，习近平总书记把乡村社会治理作为治国理政的重要内容，从战略高度、全局高度、政治高度谋划推动乡村振兴，充分提高实施乡村振兴战略的政治地位。习近平总书记明确要求各级党委政府切实担负起乡村振兴工作的第一重任，充分发挥政府在乡村振兴战略实施中的主导作用，按照中央统一部署的目标任务要求、时间节点安排严格进行督查考核问责，细化实化工作安排，落实责任到人，为全面推进乡村振兴工作提供了坚实组织保障。在经济建设方面，习近平总书记要求集中全社会力量资源精准对接乡村振兴的综合需求，在确保贫困地区、贫困村、贫困人口如期脱贫的基础上，更加注重在巩固拓展脱贫攻坚成果中帮助贫困地区加快经济社会发展步伐，培植贫困地区发展动能和优势，从根本上改变贫困地区经济社会发展面貌。在社会建设方面，习近平总书记强调加大对刚脱贫地区社会公共服务能力建设的倾斜力度，加快完善脱贫地区基础设施建设，不断改善脱贫地区群众的生产生活条件，建立健全农村社会保障体系，在稳定实现“两不愁三保障”基础上，使脱贫地区群众共享改革发展成果。在文化建设方面，习近平总书记坚持“治贫更要治愚”扶贫理念，要求“志智”

双扶，大力发展贫困地区教育文化事业，增强贫困人口内生脱贫能力，拔“穷根”，阻断贫困代际传递，为实现全面乡村振兴提供人才支撑和智力支持。在生态文明建设方面，习近平总书记强调要在推进乡村振兴中牢固树立生态文明理念，既要金山银山，更要绿水青山，通过易地搬迁、生态补偿、生态保护等途径帮助生态脆弱贫困人口脱贫，使贫困人口在脱贫致富中得到“生态实惠”“绿色实惠”，以生态振兴为乡村振兴提供良好生态环境条件。

## 三、促进在发展中保障和改善民生

天下之大，民生为最。民生问题，事关社会安定、国家兴衰、政党存亡；改善民生，既需要战略上高度重视、认真对待，更需要大处着眼、小处着手、做细落实。作为无产阶级政党，重视民生、保障民生、改善民生，是其最核心的阶级本质体现，也是最鲜明的执政理念昭示。我们党历来重视民生问题，无论是革命、建设、改革、发展乃至实现民族复兴，最根本的着眼点和落脚点就是在发展中保障和改善民生。当前，贫困人口的全面脱贫正是我们党着力解决的民生问题的“短板”，而实施乡村振兴战略，推动乡村实现全面振兴，在实现脱贫攻坚目标任务的基础上建设享有更高质量、更高标准、更高水平的改革发展成果，也是在解决更高层次上的民生问题。因此，精准扶贫精准脱贫解决了2020年前最急迫、最真切的民生问题，当前集全党全国全社会之力深入推进的乡村振兴战略也必将促进解决绝对贫困问题后的保障和改善民生工作。

经过几代人的长期艰苦努力和不断奋斗积累，我国经济社会发展取得了历史性成就，实现了历史性发展，为在发展中保障和改善民生提供坚实的物质基础和可靠的前提条件。但是，我们必须清醒认识到民生问题的长期性、复杂性和艰巨性，特别是在发展中不断保障和改善涉及14亿多人口的民生，更是前所未有、世所罕见的。从纵向来看，尽管党和国家在保障和改善民生问题上出台了一系列文件政策，安排了一系列举措制度，部署落实了大量复杂而艰巨的民生工作，付出了艰辛的劳苦和努力，但由于历史欠账多、民生底子薄，夯实民生发展基础、提高民生保障水平、满足民生改善要求，仍需要长期的艰苦努力和不懈奋斗，仍有很长一段路要走。从横向来看，与西方发达国家甚至部分发展中国家相比，尽管近些年我国民生领域进步明显、改善步伐较快，但是总体上来说，我国民生保障的水平还比较低、民生保障的范围还比较窄、民生保障制度法规还不够健全完善，保障和改善民生的压力依然很大。因此，我们要在系统总结精准扶贫精准脱贫实践中积累形成的保障和改善民生好经验、好做法、好模式的基础上，在不断推动经济社会发展为保障和改善民生创造实现条件的前提下，做好稳定脱贫与发展致富的衔接赓续工作，进一步提高民生保障标准和水平、进一步扩大民生保障的范围和领域、进一步建立健全民生领域法律规章制度，力争取得保障和改善民生的更大成就，使包括贫困群众在内的全体社会成员有更多的获得感、幸福感和安全感。

## 四、推动党的建设新的伟大工程

马克思主义中国化的历史经验昭示我们，马克思主义政党建设始终是极为重要的核心问题，直接关系到中国特色社会主义的兴旺发达，直接关系到国家民族人民的前途命运，直接关系到世界社会主义事业的兴衰成败。从前面脱贫攻坚战取得的历史性成就来看，社会主义制度是精准扶贫精准脱贫的最大制度优势，党的领导、政府主导是打赢脱贫攻坚战的最大体制优势。可以说，以习近平同志为核心的党中央创造性地将党的建设与精准扶贫精准脱贫实践相结合，明确各级党委政府在扶贫开发中的职责要求，出台一系列党纪法规细化实化各级党组织精准扶贫的任务安排、工作流程、评估考核、监督保障等各个环节，抓扶贫促党建，搞党建带扶贫，充分发挥了精准扶贫精准脱贫阵地对各级党组织和党员领导干部的锻炼熔炉作用，充分彰显了党的建设在推动扶贫开发工作落实落细中的核心引领作用，实现了精准扶贫精准脱贫与党的建设有机统一、互促互动。

芳林新叶催陈叶，流水前波让后波。面对实施乡村振兴战略的历史重任，面对复杂艰巨繁重的改革发展稳定任务、面对“发展起来以后”遇到的新形势新情况新问题、面对全面建设社会主义现代化强国、实现民族伟大复兴的使命担当要求，作为执政党的中国共产党，必须始终强化斗争精神，时刻保持斗争状态，以敢于斗争、勇于斗争、善于斗争的精神风貌，团结带领全国各族人民，为全面建设社会主义现代化强国、实现中华民族伟大复兴而进行“具有许多新的历史特点的伟大斗争”，“要旗帜鲜明坚持真理、修正错误，勇于开展批评和自我批评，使每个党组织都成为激浊扬清的战斗堡垒，使每个党员都成为扶正祛邪的战斗员”①，增强党内政治生活的战斗性，不断提高党的执政能力和领导水平，以适应事业的开拓、形势的发展和人民的期望，把党建设成为富有斗争精神、时刻保持斗争状态、具有坚强战斗力的马克思主义执政党。

## 第三节　减贫治理中国样板及乡村全面振兴的世界意义

贫困问题，无论是发达国家还是发展中国家，都是一个普遍存在的社会问题，在发展中国家贫困问题表现得更为突出一些；反贫困，是世界各国的共同行动，不同国家会根据自身实际情况采取不同的应对方案；消除贫困、共享富裕始终是全人类的共同目标和美好愿望。因此，共同应对贫困问题，携手推动世界减贫脱贫事业，实现全球共生发展，是世界各国的共同责任，也是全人类的共同使命。

中国作为世界大家庭中的一员，是世界上最大的发展中国家，也是贫困人口规模数量最多的国家之一。一直以来，反贫困都是中国政府的重要工作内容。在长期反贫困的理论总结和实践探索

① 《习近平在省部级主要领导干部学习贯彻十八届六中全会精神专题研讨班开班式上发表重要讲话》，中国政府网，http：//www.gov.cn/xinwen/2017－02/13/content5167658.htm？from=timeline.

中，中国政府根据自身经济社会发展条件，不断调整反贫困政策措施，积极探索反贫困工作路径模式，逐步加大反贫困投入力度，走出了一条符合自身国情、彰显制度体制优势、减贫脱贫成效显著的中国特色扶贫开发道路，使得累计近 7.7 亿人口实现减贫脱贫并建成惠及 14 亿多人口的全面小康社会，取得了举世瞩目的反贫困辉煌成就。中国不仅成为当今世界减贫脱贫人数最多的国家，为国际减贫脱贫事业作出了重要贡献，更实现了在消除绝对贫困基础上向人均收入中高端国家行列迈进的历史性转变，成为世界减贫脱贫历史进程中的里程碑事件，创造了人类减贫脱贫事业的中国奇迹。当前，中国正在巩固拓展前期反贫困治理历史性成就基础上，深入实施乡村振兴战略，推动乡村全面振兴，加快实现农业农村现代化、全面建设社会主义现代化强国的步伐。

中国有句古话："穷则独善其身，达则兼济天下。"当今中国日益走近世界舞台中央，在解决好自身存在的贫困问题的基础上，中国也理所应当地主动担当起全球性大国在国际减贫脱贫事业中的义务和责任，与国际社会一道分享中国反贫困理论成果和实践经验，向其他贫困国家特别是发展中国家提供力所能及的帮助和支持，积极参与、共同应对全球贫困治理为广大发展中国家走向现代化提供路径选择，为构建人类命运共同体做出自身应有的贡献。

作为中国反贫困理论的最新成果，脱贫攻坚基本方略立足中国现实国情、站在时代发展高度、直面贫困难题矛盾，为我国减贫脱贫事业的深入发展起到巨大推动作用，也将为世界减贫脱贫事业特别是为广大发展中国家贫困治理贡献中国智慧、提供中国

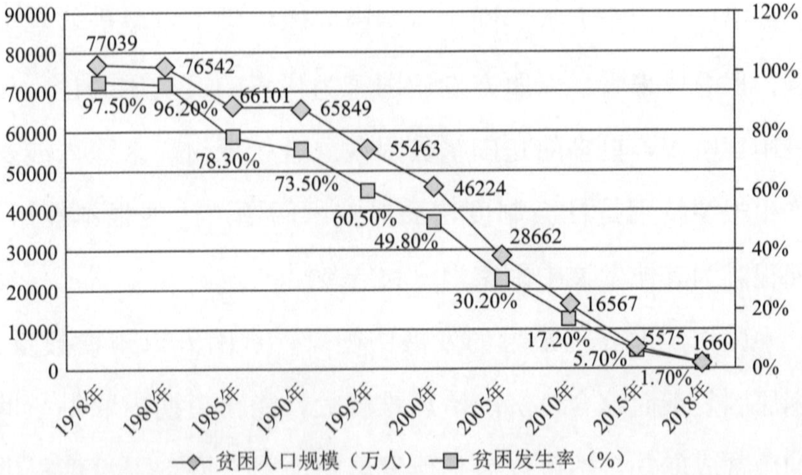


**图 5—1　1978—2018 年我国贫困人口及贫困发生率变化情况**

根据网络公开资料整理。

方案、发挥中国作用。同时，实施乡村振兴战略，推动乡村全面振兴，加快实现农业农村现代化，也将为广大发展中国家走向现代化提供新的现实选择和发展模式。中国贫困治理及实现乡村振兴的世界意义体现在理论和实践两个层面，主要有以下三个方面。

## 一、中国特色反贫困理论为广大发展中国家进行贫困治理提供理论思想借鉴

马克思曾鲜明而前瞻地指出：“理论在一个国家的实现程度，决定于理论满足于这个国家的需要的程度。”[①] 21 世纪以来，贫困问题受到世界各国日益关注，成为不同国家需要共同面对的社会问题。不同国家立足自身国情，对贫困问题进行了广泛的理论探讨和实践探索，形成了丰富的理论创新成果，总结了一系列反贫

① 《马克思恩格斯选集》第 1 卷，人民出版社 1995 年版，第 11 页。

困经验措施，为全人类共同应对贫困问题提供了重要借鉴和宝贵经验。但总体来看，以西方发达国家为代表的反贫困理论，只能就贫困言贫困，更多的是围绕贫困现象进行探讨，未深入涉及贫困产生根源特别是社会制度层面对贫困问题产生的根本性影响，因而很难为其他发展中国家学习和借鉴。

中国作为世界上最大的发展中国家，贫困人口规模数量大、贫困原因复杂而综合、贫困治理难度大，能在短期内取得举世瞩目的脱贫成就，自然可以为其他发展中国家开展贫困治理提供有益借鉴和重要启示。比如，脱贫攻坚中涵盖的精准扶贫、内源式扶贫、合力扶贫、制度扶贫等理念观点，科学回答了反贫困实践中“扶持谁”“谁来扶”“怎么扶”“如何退”等重大问题，深刻揭示了贫困治理规律，具有很强的针对性、现实性、政策性和实践性，集中彰显了社会主义制度的体制扶贫优势，是中国特色反贫困理论最新成果，对于世界其他国家特别是广大发展中国家进行贫困治理具有重要的理论借鉴意义。同时，在2020年实现脱贫攻坚目标任务的基础上，实施乡村振兴战略，推动乡村全面振兴，加快实现农业农村现代化，走共同富裕道路，也将为广大发展中国家聚焦民生问题、发展民生事业、增进民生福祉产生深远影响。

## 二、中国特色反贫困道路为广大发展中国家均衡协调发展提供路径模式

新时代脱贫攻坚来源于中国反贫困探索、形成于中国扶贫开

发实践、检验于脱贫攻坚战场，具有强烈的针对性、实践性和适用性。在习近平总书记关于脱贫攻坚重要论述的指引下，中国政府在贫困治理实践中，建立健全和丰富完善了具有中国特色的上下联动、齐抓共管、多方协同、重点突破、全面推进的贫困治理路径模式，有效保障了中国减贫脱贫事业的顺利推进和深入拓展，取得了贫困治理的明显成效。统计数据表明，中国贫困发生率从2012年的10.2%以上下降到2019年的0.6%，年均减贫脱贫人口在1000万以上。因此，中国贫困治理路径模式对于广大发展中国家具有重要的实践借鉴价值和工作指导作用。

第一，始终将反贫困作为国家重大优先战略。一直以来，中国政府始终把反贫困、减贫脱贫工作作为国家经济社会发展中的重大优先战略部署落实，持之以恒，久久为功，从未在思想上有过动摇，从未在行动上有过停滞，始终把解决贫困地区贫困人口的贫困问题作为治国理政的重要内容，始终把改善提升全体社会成员生活水平作为执政成效的检验标准。无论国内经济社会发展面临何种压力，无论国际政治风云如何变幻，中国共产党和中国政府在贫困治理工作中的关注度、重视度、投入度和绩效度，始终随着国家综合实力的提升而不断加强。因此，对于广大发展中国家而言，要深刻认识到减贫脱贫工作的长期性、艰巨性和持久性，坚定不移把反贫困工作当作国家经济社会发展中的一件大事要事急事来实施，作为重大优先战略部署落实。反贫困不是一时一刻之计，也不是一城一地之事，并不是解决了绝对贫困就可以停滞不前、固步自封，而要在消除绝对贫困问题的基础上，再接再厉，接续奋斗，实现更加富足、更加美好、更加幸福的现代化生活。

第二，坚持综合施策应对贫困问题复杂性。虽然各国现实国情、风土人情、思维传统、文化理念等千差万别，具体贫困状况不尽相同，但是普遍性寓于特殊性之中，各国贫困状况同样具有普遍性特征：一是贫困产生原因异常复杂，不同贫困地区、贫困人口致贫因素相差很大；二是贫困治理涉及经济、政治、文化、社会等多个方面，是一项社会性、系统性、整体性重大工程。因此，贫困治理必须综合施策，以应对贫困人口现实需求的多样性和反贫困工作内容的多元性，而不能仅仅依靠一种方法、一种模式、一种路径应对贫困问题。同样，稳定脱贫后实现可持续发展，更需要在总结前期反贫困治理经验做法的基础上，进一步做好顶层设计，进一步细化部署安排，进一步夯实现有发展基础，力争实现更大更快发展。比如，为指导地方开展反贫困工作，中国政府根据现实国情和贫困人口基本情况，制定了“五个一批”脱贫路径，为分门别类解决贫困问题提供了基本路径。为实施乡村振兴战略，推动乡村全面振兴，中国政府根据乡村振兴的重点任务和目标导向，提出了“五大振兴”重要导向，为接续推动乡村振兴指明了方向。

第三，注重发挥政府主导作用。反贫困是各国政府义不容辞的责任和使命，尽管由于自身经济社会发展水平不同，各个国家社会保障体系建设水平标准、社会组织功能作用大小等各不相同，但是如果没有政府主导性作用的发挥，很难集聚社会各方力量、形成共同合力开展反贫困工作，最终导致反贫困力量分散多元、点多力少，不容易见到工作成效。鉴于此，中国政府积极主导贫困识别、贫困干预、脱贫成效评估等反贫困工作全过程，构建了“中央统筹、省负总责、市（地）县抓落实”工作机制，完善了政府主导、多元参与、社会共管的工作格局，提升反贫困整体效能，取得了减贫脱贫工作明显成效。面对实施乡村振兴战略部署安排，中国共产党提出了“五级书记抓乡村振兴”领导管理体制机制，明确各级党组织和各级政府职责任务，并设立专门机构组织实施、督导落实乡村振兴各项任务安排。

第四，健全完善贫困识别机制。准确有效判定贫困对象，是做好反贫困工作的前提条件，也是国际减贫脱贫工作的重点难点。目前，国际上主要采用自上而下的识别方法和自下而上的识别方法，这两种识别方法各有优劣，都存在一定不足，如果单独使用，往往会造成贫困识别对象偏离，影响反贫困工作成效。为确保贫困对象识别得客观准确，中国政府采用了自上而下与自下而上相结合的识别方法，既通过政府主导的大规模摸底排查、建档立卡确定扶贫对象，又鼓励支持贫困人口通过个人主动申请、村民民主评议、集中公示确认等相应程序确定扶贫对象，两种识别方法相互对照、相互补充、相互完善，实现了精准识别贫困对象的良好效果。

第五，增强贫困地区贫困人口内生发展动力。解决贫困问题没有一劳永逸的万全之策，最根本最有效的方式方法就是通过外部力量的支持帮扶，不断改善贫困地区贫困人口的发展环境和发展条件，使贫困地区贫困人口能够立足自身条件不断增强内生发展动力，实现由“外部输血”向“内部造血”的重大转变。因此，中国政府在精准扶贫精准脱贫实践中，除了将丧失个人劳动能力的贫困人口统一纳入社会保障进行兜底外，根据贫困对象的现实需求，按照一户一计、一人一策的工作标准和目标要求，针对性帮扶每一个贫困家庭、每一个贫困人口，帮助他们发展生产、增加收入、改善生活条件、尽快脱贫致富，使得减贫脱贫成效稳定、脱贫致富基础稳固，实现了巩固拓展脱贫攻坚成果与乡村振兴的有机衔接、耦合连接。

## 三、中国特色反贫困成就为广大发展中国家实现合作共赢提供支持帮助

按照中国政府规划的目标任务要求，在2020年，中国消除了绝对贫困、解决区域性整体贫困问题，并在取得反贫困重大成就的基础上实施乡村振兴战略，为社会全体成员提供更高层次、更高水平、更高标准、更加全面的美好幸福生活，进一步增加人民群众的获得感、幸福感和安全感。习近平总书记指出，中国是世界上最大的发展中国家，一直是世界减贫事业的积极倡导者和有力推动者。[①] 反贫困、谋发展不是一国一域之事，而是全球各国共同职责，是事关国际社会稳定、世界和平发展的大事。中国将在解决好自身贫困问题的基础上，力所能及地帮助其他发展中国家进行贫困治理、推进减贫事业、共谋合作发展。历史经验告诉

① 《习近平扶贫论述摘编》，中央文献出版社2018年版，第151页。

我们，发展是解决贫困问题的治本之策，中国将致力于建立以合作共赢为核心的国际关系，通过帮助世界其他贫困国家加快自身经济社会发展来推动全球贫困治理的实施、全球减贫脱贫事业的进步和人类命运共同体的构建。

穷则独善其身，达则兼济天下。中国的发展离不开世界，世界的发展也需要中国。实践已经证明并将继续证明，中国的持续健康发展将为世界其他国家和地区发展带来机遇、创造条件、提供平台，将是推动国际减贫脱贫事业的积极因素、重要力量和有力支撑，也是实现人类合作共生发展的动力源、稳定器和安全阀。当前，中国正日益走近世界舞台中央，正以全球性大国的责任担当，以开放共享的理念同世界各国开展减贫脱贫合作，在力所能及的范围内以实际行动支持贫困国家特别是广大发展中国家提升经济社会发展水平、建设美好家园，在合作共赢的基础上帮助贫困国家特别是广大发展中国家通过自我发展增强减贫脱贫能力、过上幸福生活，积极主动为国际减贫脱贫事业和国际合作共赢发展提供支持帮助、发挥中国作用、贡献中国力量。比如，提出“一带一路”倡议，筹建丝路基金，成立亚洲基础设施投资银行，为“一带一路”沿线发展中国家提供资金支持，帮助沿线贫困国家减贫脱贫，完善基础设施建设，融入世界经济发展大局，共享世界经济发展成果；打造多边合作交流平台，多次主办国际减贫论坛，推动世界各国在贫困治理领域的交流协作，为广大发展中国家提供减贫脱贫经验，为全球贫困治理提供中国智慧和中国方案；积极参与推动建设全球治理经济政治新秩序，在不附加任何政治条件前提下，向贫困发展中国家提供资金援助、医疗卫生救助和服务、人才技术支持，帮助不发达国家提升基础设施建设水平、改善生产生活条件、发展各项民生事业，并多次免除最不发达国家的中国债务以减轻相关国家的经济负担用来增加民生领域的经济投入，不断在合作共赢中建设普遍安全、持久和平、开放包容、共同繁荣、清洁美丽的美好世界。

# 参考文献

## 一、马克思主义经典著作与重要文献

[1] 马克思恩格斯选集（第 1 卷）［M］. 北京：人民出版社，1995.

[2] 马克思恩格斯选集（第 2 卷）［M］. 北京：人民出版社，1995.

[3] 马克思恩格斯选集（第 3 卷）［M］. 北京：人民出版社，1995.

[4] 马克思恩格斯选集（第 4 卷）［M］. 北京：人民出版社，1995.

[5] 列宁选集（第 1 卷）［M］. 北京：人民出版社，2012.

[6] 列宁选集（第 2 卷）［M］. 北京：人民出版社，2012.

[7] 列宁选集（第 3 卷）［M］. 北京：人民出版社，2012.

[8] 列宁选集（第 4 卷）［M］. 北京：人民出版社，2012.

[9] 毛泽东选集（第 1 卷）［M］. 北京：人民出版社，1991.

[10] 毛泽东选集（第 2 卷）［M］. 北京：人民出版社，1991.

[11] 毛泽东选集（第3卷）[M]. 北京：人民出版社，1991.

[12] 毛泽东选集（第4卷）[M]. 北京：人民出版社，1991.

[13] 邓小平文选（第1卷）[M]. 北京：人民出版社，1994.

[14] 邓小平文选（第2卷）[M]. 北京：人民出版社，1994.

[15] 邓小平文选（第3卷）[M]. 北京：人民出版社，1993.

[16] 江泽民文选（第1卷）[M]. 北京：人民出版社，2006.

[17] 江泽民文选（第2卷）[M]. 北京：人民出版社，2006.

[18] 江泽民文选（第3卷）[M]. 北京：人民出版社，2006.

[19] 胡锦涛文选（第1卷）[M]. 北京：人民出版社，2016.

[20] 胡锦涛文选（第2卷）[M]. 北京：人民出版社，2016.

[21] 胡锦涛文选（第3卷）[M]. 北京：人民出版社，2016.

[22] 习近平总书记重要讲话文章选编 [M]. 北京：中央文献出版社，2016.

[23] 习近平. 摆脱贫困 [M]. 福州：福建人民出版社，1992.

[24] 习近平. 知之深　爱之切 [M]. 石家庄：河北人民出版社，2015.

[25] 习近平谈治国理政 [M]. 北京：外文出版社，2014.

[26] 中共中央文献研究室. 十五大以来重要文献选编（中）[M]. 北京：人民出版社，2001.

[27] 中共中央文献研究室. 十六大以来党和国家重要文献选编（中）[M]. 北京：中央文献出版社，2006.

[28] 中共中央文献研究室. 十六大以来党和国家重要文献选

编（下）[M]. 北京：中央文献出版社，2008.

[29] 中共中央文献研究室．十七大以来重要文献选编（上）[M]. 北京：中央文献出版社，2009.

[30] 中共中央文献研究室．十七大以来重要文献选编（中）[M]. 北京：中央文献出版社，2011.

[31] 中共中央文献研究室．十七大以来重要文献选编（下）[M]. 北京：中央文献出版社，2013.

[32] 中国农村扶贫开发纲要（2011—2020 年）[M]. 北京：人民出版社，2011.

## 二、研究专著

[1]〔英〕马尔萨斯著，朱泱等译．人口原理 [M]. 北京：商务印书馆，1992.

[2]〔印〕阿马蒂亚·森著，王宇等译．贫困与饥荒：论权利与剥夺 [M]. 北京：商务印书馆，2004.

[3] 黄承伟．中国反贫困：理论，方法，方略 [M]. 北京：中国财政经济出版社，2002.

[4] 黄承伟．中国农村反贫困的实践与思考 [M]. 北京：中国财政经济出版社，2004.

[5] 黄承伟．国际减贫理论与前沿问题（2012）[M]. 北京：中国农业出版社，2012.

[6] 周毅．反贫困与可持续发展 [M]. 北京：党建读物出版社，1997.

[7] 谢和平．反贫困与国际区域合作 [M]. 成都：四川大学出版社，2008.

[8] 朱凤岐，高天虹，邱天朝，等．中国反贫困研究 [M]. 北京：中国计划出版社，1995.

[9] 刘坚．新阶段扶贫开发的成就与挑战 [M]. 北京：中国财政经济出版社，2006.

[10] 张巍．中国农村反贫困制度变迁研究 [M]. 北京：中国政法大学出版社，2008.

[11] 吴忠．国际减贫理论与前沿问题 2010 [M]. 北京：中国农业出版社，2010.

[12] 李春光．国际减贫理论与前沿问题 2011 [M]. 北京：中国农业出版社，2011.

[13] 世界银行．1990 年世界发展报告 [M]. 北京：中国财政经济出版社，1990.

[14] 世界银行．贫困与对策（1992 年减缓贫困手册）[M]. 北京：北京经济出版社，1996.

[15] 世界银行．2000/2001 年世界发展报告：与贫困作斗争 [M]. 北京：中国财政经济出版社，2001.

[16]〔美〕马丁·瑞沃林．贫困的比较 [M]. 北京：北京大学出版社，2005.

[17]〔瑞典〕冈纳·缪尔达尔等．亚洲的戏剧——南亚国家贫困问题研究（重译本） [M]. 北京：首都经济贸易大学出版社，2001.

[18]〔印度〕阿马蒂亚·森．以自由看待发展［M］．北京：中国人民大学出版社，2013.

[19] 左常升．中国扶贫开发政策演变（2001—2015年）［M］．北京：中国财政经济出版社，2016.

[20] 陆汉文，黄承伟．中国精准扶贫发展报告（2016）［M］．北京：社会科学文献出版社，2016.

[21] 杨道田．新时期我国精准扶贫机制创新路径［M］．北京：经济管理出版社，2017.

[22]〔美〕弗兰克·斯卡皮蒂．美国社会问题［M］．北京：中国社会科学出版社，1996.

[23] 李华．国际社会保障动态：反贫困模式与管理［M］．上海：上海人民出版社，2015.

## 三、中文期刊

[1] 瞿连贵．从职业教育扶贫到职业教育精准扶贫——内容分析、问题反思及前景展望［J］．成人教育，2018，38（11）：75－80.

[2] 张腾，蓝志勇，秦强．中国改革四十年的扶贫成就与未来的新挑战［J］．公共管理学报，2018，15（4）：101－112＋154.

[3] 潘青．乡村振兴视角下农村旅游扶贫策略研究［J］．农业经济，2018（10）：87－89.

[4] 周海燕．国内外精准扶贫研究：现状、特点与趋势［J］．

山东农业大学学报（社会科学版），2018，20（3）：25－34＋151.

［5］李实．中国收入分配格局新变化［J］．治理研究，2018，34（5）：35－42.

［6］汪三贵，曾小溪．从区域扶贫开发到精准扶贫——改革开放40年中国扶贫政策的演进及脱贫攻坚的难点和对策［J］．农业经济问题，2018（8）：40－50.

［7］汪三贵，曾小溪．后2020贫困问题初探［J］．河海大学学报（哲学社会科学版），2018，20（2）：7－13＋89.

［8］赵双，李万莉．我国易地扶贫搬迁的困境与对策：一个文献综述［J］．社会保障研究，2018（2）：106－112.

［9］王曙光．乡村振兴战略与中国扶贫开发的战略转型［J］．农村金融研究，2018（2）：14－19.

［10］王曙光，王琼慧．论社会网络扶贫：内涵、理论基础与实践模式［J］．农村经济，2018（1）：1－10.

［11］吴乐，孔德帅，靳乐山．生态补偿对不同收入农户扶贫效果研究［J］．农业技术经济，2018（5）：134－144.

［12］强国令，闫杰．基于农村视阈下的普惠金融扶贫的理论探讨与思考［J］．技术经济与管理研究，2018（1）：118－121.

［13］齐冬红．探析精准教育扶贫［J］．未来与发展，2018，42（1）：74－77＋73.

［14］刘春芳，刘宥延，王川．黄土丘陵区贫困农户生计资本空间特征及影响因素——以甘肃省榆中县为例［J］．经济地理，2017，37（12）：153－162.

[15] 唐任伍．新时代精准扶贫精准脱贫基本方略研究 [J]. 人民论坛·学术前沿，2017 (23)：66—73.

[16] 郭庆．体育精准扶贫：逻辑起点、实践探析与推进策略 [J]. 武汉体育学院学报，2017，51 (12)：18—24.

[17] 王安忠．习近平扶贫思想探析 [J]. 学习论坛，2017，33 (12)：19—23.

[18] 谢撼澜，谢卓芝．中国特色扶贫开发道路研究 [J]. 探索，2017 (5)：142—150.

[19] 曾小溪，汪三贵．中国大规模减贫的经验：基于扶贫战略和政策的历史考察 [J]. 西北师范大学学报（社会科学版），2017，54 (6)：11—19.

[20] 吕腾飞．高等院校在精准扶贫中的作用 [J]. 改革与开放，2018 (6)：133—134.

[21] 陈坚．易地扶贫搬迁政策执行困境及对策——基于政策执行过程视角 [J]. 探索，2017 (4)：153—158.

[22] 朱海波，熊雪，孔祥臣．“互联网＋电商”促进贫困地区农村经济发展的路径探索、成效与思考 [J]. 农村金融研究，2017 (8)：13—18.

[23] 曹伟波．新中国成立以来扶贫历程 [J]. 现代交际，2017 (13)：48.

[24] 熊正贤．特色文化产业扶贫的特征分析与绩效问题研究——以武陵山区为例 [J]. 云南民族大学学报（哲学社会科学版），2017，34 (4)：108—115.

［25］陈莉，钟玲．农民合作社参与扶贫的可行路径——以小农为基础的农业产业发展为例［J］．农村经济，2017（5）：116—122.

［26］曾小溪，汪三贵．易地扶贫搬迁情况分析与思考［J］．河海大学学报（哲学社会科学版），2017，19（2）：60—66＋91.

［27］张建军．全面建成小康社会背景下西部农村扶贫思路与模式的再创新［J］．农业经济问题，2017，38（4）：67—74＋111.

［28］王磊，张冲．能力扶贫：精准扶贫的发展型视角［J］．理论月刊，2017（4）：157—161.

［29］贺雪峰．中国农村反贫困问题研究：类型、误区及对策［J］．社会科学，2017（4）：57—63.

［30］刘晓安，黄文群，廖萍．“互联网＋”时代电子商务扶贫现状、问题及对策研究——以吉安市为例［J］．现代商业，2017（7）：27—28.

［31］王晓毅．社会治理与精准扶贫［J］．贵州民族大学学报（哲学社会科学版），2017（1）：46—57.

［32］刘俊文．农民专业合作社对贫困农户收入及其稳定性的影响——以山东、贵州两省为例［J］．中国农村经济，2017（2）：44—55.

［33］王静，庄鹏睿，罗良清．扶贫工作范式转换的系统仿真与政策模拟——基于江西省典型贫困地区贫困人口调查的研究［J］．管理世界，2017（2）：176—177.

［34］马海波．当前我国农村扶贫存在的主要问题与对策研究［J］．农业经济，2017（1）：12—14.

［35］潘晓燕．关于扶贫理念与脱贫成效的理论思考——习近平的扶贫观与科技扶贫的实践探索［J］．当代经济，2017（1）：6—11.

［36］唐建兵．习近平扶贫思想的逻辑蕴涵及时代价值［J］．三峡大学学报（人文社会科学版），2017，39（1）：20—25.

［37］彭梦春．乡村旅游扶贫现状及趋势分析——以湖南省张家界市为例［J］．农业展望，2016，12（12）：20—23＋37.

［38］房连泉．国际扶贫中的退出机制——有条件现金转移支付计划在发展中国家的实践［J］．国际经济评论，2016（6）：86—104＋6.

［39］徐娜，田固．医疗救助在健康扶贫中的作用及思考［J］．中国医疗保险，2016（11）：34—36.

［40］杨娜．旅游精准扶贫的相关概念及关系［J］．农村经济与科技，2016，27（16）：71＋73.

［41］李晓辉．经济新常态背景下精准扶贫对策研究［J］．华北水利水电大学学报（社会科学版），2016，32（4）：82—84.

［42］王姗姗，马凤强．习近平扶贫思想研究［J］．南方论刊，2016（8）：56—58.

［43］杨娜．国内外旅游精准扶贫探索与实践［J］．农村经济与科技，2016，27（14）：81—82.

［44］谢小芹．“接点治理”：贫困研究中的一个新视野——

基于广西圆村“第一书记”扶贫制度的基层实践 [J]. 公共管理学报，2016，13（3）：12—22+153.

[45] 荀天来，唐丽霞，王军强．国外社会组织参与扶贫的经验和启示 [J]. 经济社会体制比较，2016（4）：204—211.

[46] 邢成举．压力型体制下的“扶贫军令状”与贫困治理中的政府失灵 [J]. 南京农业大学学报（社会科学版），2016，16（5）：65—73+155—156.

[47] 王萌萌．社会企业参与扶贫的现实价值、实践困境与路径优化 [J]. 兵团党校学报，2016（3）：56—59.

[48] 王韧，邹西西，刘司晗．基于AHP方法的湖南省农业保险补贴政策扶贫效率评价研究 [J]. 湖南商学院学报，2016，23（2）：123—128.

[49] 赵佳佳，韩广富．香港社会组织扶贫及其启示 [J]. 理论与改革，2016（2）：154—157.

[50] 刘一．贫困的定义与我国反贫困问题思考 [J]. 安徽农业大学学报（社会科学版），2016，25（1）：71—74.

[51] 孙飞宇，储卉娟，张闫龙．生产“社会”，还是社会的自我生产？以一个NGO的扶贫困境为例 [J]. 社会，2016，36（1）：151—185.

[52] 张平．经济增长是否一定有利于减少贫困——近期国外相关研究文献综述 [J]. 西北民族大学学报（哲学社会科学版），2016（1）：158—163.

[53] 文建龙．改革开放以来中国共产党的扶贫实践 [J]. 大

庆师范学院学报，2016，36（1）：26—31.

[54] 马合肥．精准电商扶贫的陇南模式［J]．法制与社会，2016（1）：215＋217.

[55] 孙昕，起建凌，谢圆元．电子商务扶贫问题及对策研究［J]．农业网络信息，2015（12）：27—31＋51.

[56] 周常春，张秀云，张泽辰．扶贫参与主体能力建设对产业扶贫的影响研究［J]．昆明理工大学学报（社会科学版），2015，15（6）：53—58.

[57] 李再勇．精准扶贫　共享发展［J]．理论视野，2015（12）：31—34.

[58] 欧阳煌，李思，祝鹏飞．关于新时期财政扶贫治理困境及破解的思考［J]．财政研究，2015（12）：90—93.

[59] 罗盛锋，代新洋，黄燕玲．生态旅游扶贫研究动态及展望［J]．桂林理工大学学报，2015，35（3）：642—648.

[60] 熊娜．我国乡村旅游扶贫的典型模式与主要特征［J]．现代经济信息，2015（20）：71.

[61] 黄贞．共生视域下民族扶贫政策评估研究——以湖南省慈利县扶贫评估为例［J]．青海民族研究，2015，26（3）：55—59.

[62] 朱显岳．相对贫困农户异地搬迁扶贫研究——以浙江省丽水市异地搬迁扶贫为例［J]．丽水学院学报，2015，37（4）：78—82.

[63] 杨立雄．关于农村残疾人反贫困问题的再思考［J]．残

疾人研究，2015（2）：3—7.

［64］李鶡．农村精准扶贫：理论意蕴、实践路径与经验探寻——以湖北恩施龙凤镇扶贫实践为例［J］．理论导刊，2015（6）：59—62.

［65］郑瑞强，徐元刚，施国庆．连片特困区政府减贫行为供需对接障碍与机制优化［J］．青海社会科学，2015（3）：81—86.

［66］吕君丽．民族地区村寨旅游扶贫路径选择［J］．贵州民族研究，2015，36（4）：132—135.

［67］卢迎春，任培星，起建凌．电子商务扶贫的障碍分析［J］．农业网络信息，2015（2）：27—31.

［68］王剑利，庄孔韶，宋雷鸣．农村扶贫工作中的弱势群体识别问题［J］．中国农业大学学报（社会科学版），2015，32（2）：91—97.

［69］陈忠言．中国农村开发式扶贫机制解析——以沪滇合作为例［J］．经济问题探索，2015（2）：90—94＋125.

［70］焦克源，徐彦平．少数民族贫困县扶贫开发绩效评价的实证研究——基于时序主成分分析法的应用［J］．西北人口，2015，36（1）：91—96.

［71］李章梅，起建凌，孙海清．农村电子商务扶贫探索［J］．商场现代化，2015（2）：74—75.

［72］许焱，刘飞，魏大鹏．普惠金融视角下可持续的农村信用体系建设路径探索与研究——以亳州市利辛县为例［J］．征信，2015，33（1）：54—57.

［73］庄天慧，陈光燕，蓝红星．民族地区现代文明生活方式视域下的扶贫绩效研究——以小凉山彝区为例［J］．贵州社会科学，2014（11）：158—163.

［74］黄荣华，冯彦敏，路遥．国内外扶贫理论研究综述［J］．黑河学刊，2014（10）：135—137.

［75］张倩．贫困陷阱与精英捕获：气候变化影响下内蒙古牧区的贫富分化［J］．学海，2014（5）：132—142.

［76］蔡科云．政府与社会组织合作扶贫的权力模式与推进方式［J］．中国行政管理，2014（9）：45—49.

［77］韩林芝．新疆贫困现状与扶贫开发对策建议［J］．农村经济与科技，2014，25（8）：196—199.

［78］郑克强，徐丽媛．生态补偿式扶贫的合作博弈分析［J］．江西社会科学，2014，34（8）：69—76.

［79］赵荣，杨旭东，陈绍志，等．林业扶贫模式研究［J］．林业经济，2014，36（8）：98—102.

［80］寇永红，吕博．财政扶贫资金绩效审计工作现状及改进措施［J］．审计研究，2014（4）：19—22.

［81］豆小文，叶秀芬．职业教育扶贫的几点思考［J］．成人教育，2014，34（7）：58—59.

［82］侯东民，张耀军，孟向京，等．西部生态移民跟踪调查——兼对西部扶贫战略的再思考［J］．人口与经济，2014（3）：42—50.

［83］赖玥，成天柱．财政扶贫的效率损失——基于财政激励

视角的县级面板数据分析［J］. 经济问题，2014（5）：33－37.

［84］廖建军．公益慈善参与扶贫：成效、问题和对策——以广东省为例［J］. 理论探索，2014（3）：99－103.

［85］张小鹨，付英，马燕玲．农村扶贫开发动态评价指标体系构建研究——以兰州市为例［J］. 浙江农业学报，2014，26（1）：229－234.

［86］张全红，周强．转型时期中国贫困的动态多维度测量［J］. 中南财经政法大学学报，2014（1）：60－68＋159.

［87］彭斌，刘俊昌．民族地区绿色扶贫新的突破口——广西发展林下经济促农增收脱贫路径初探［J］. 学术论坛，2013，36（11）：100－104＋134.

［88］刘浩，赵晓霞．凉山彝族地区反贫困研究［J］. 当代中国史研究，2013，20（4）：107－114＋128.

［89］郭劲光．我国扶贫治理的空间视野及其与减灾防治的链接［J］. 农业经济问题，2013，34（7）：11－16＋110.

［90］李培林，王晓毅．移民、扶贫与生态文明建设——宁夏生态移民调研报告［J］. 宁夏社会科学，2013（3）：52－60.

［91］刘清荣，程文燕，康亮．试论我国扶贫开发的历程、模式及创新［J］. 老区建设，2013（8）：4－10.

［92］孙燕一，王振洲，刘懿，等．政府主导型生态移民的实效、问题与对策——宁夏西海固山区生态移民调查分析［J］. 西部论坛，2013，23（2）：44－50.

［93］成随强，刘养卉．易地扶贫搬迁中的就业问题研究——

以通渭县为例［J］. 社科纵横，2013，28（3）：30—33.

［94］胡德．建立集中连片特困地区可持续金融扶贫机制的思考与实践：湖北案例［J］. 武汉金融，2013（3）：59—60.

［95］李红玲．农民专业合作组织的社会资本扶贫逻辑［J］. 贵州社会科学，2013（3）：113—117.

［96］赵强社．扶贫模式演进与新时期扶贫对策探析［J］. 西部学刊，2013（2）：19—24.

［97］李庆涛．新时期少数民族地区贫困问题及对策［J］. 当代经济，2013（2）：84—86.

［98］曾小溪，曾福生．基本公共服务减贫作用机理研究［J］. 贵州社会科学，2012（12）：91—94.

［99］钱力，韩燕．甘肃少数民族地区扶贫开发绩效分析［J］. 西南民族大学学报（人文社会科学版），2012，33（4）：103—106.

［100］乔尚奎，刘诚．农村残疾人社会保障与扶贫开发政策研究［J］. 残疾人研究，2012（1）：17—19.

［101］林万龙，杨丛丛．贫困农户能有效利用扶贫型小额信贷服务吗？——对四川省仪陇县贫困村互助资金试点的案例分析［J］. 中国农村经济，2012（2）：35—45.

［102］陈洪玲，刘慧颖．中国农村贫困问题与对策［J］. 大连海事大学学报（社会科学版），2012，11（1）：84—87.

［103］樊杰，洪辉．现今中国区域发展值得关注的问题及其经济地理阐释［J］. 经济地理，2012，32（1）：1—6.

[104] 季曦，王小林．碳金融创新与“低碳扶贫”[J]．农业经济问题，2012，33（1）：79—88+112.

[105] 武晓芬，邱文静．村镇银行普惠性信贷资金运行效率以及扶贫效益的提高与创新——以云南省为例[J]．经济问题探索，2011（12）：168—173.

[106] 朱丽燕．生态移民与宁夏西海固地区的扶贫攻坚[J]．农业现代化研究，2011，32（4）：413—417.

[107] 朱显岳．扶贫型农村互助基金合作社可持续发展研究——基于浙江省龙泉市的调查[J]．农业经济问题，2011，32（5）：95—98.

[108] 朱金鹤，崔登峰．新形势下新疆国家级贫困县的贫困类型与扶贫对策[J]．农业现代化研究，2011，32（3）：276—280.

[109] 詹瑜，杨成，赵明坤，等．贵州草地生态畜牧业产业化科技扶贫项目实施现状与对策[J]．贵州农业科学，2011，39（3）：149—155.

[110] 杜旸．全球治理中的中国进程：以中国减贫治理为例[J]．国际政治研究，2011，32（1）：90—99+9.

[111] 王洪敏．我国小额信贷发展思路探析[J]．黑龙江对外经贸，2011（1）：114—116.

[112] 陈全功，程蹊．空间贫困理论视野下的民族地区扶贫问题[J]．中南民族大学学报（人文社会科学版），2011，31（1）：58—63.

[113] 魏后凯．未来十年中国西部大开发新战略[J]．西部

论坛，2010，20（4）：1—8.

[114] 匡远配. 中国民间组织参与扶贫开发：现状以及发展方向 [J]. 贵州社会科学，2010（6）：82—88.

[115] 匡远配，汪三贵. 中国民间组织参与扶贫开发：比较优势及发展方向 [J]. 岭南学刊，2010（3）：89—94.

[116] 姚迈新. 对扶贫目标偏离与转换的分析与思考——政府主导型扶贫模式中的制度及行动调整 [J]. 云南行政学院学报，2010，12（3）：122—126.

[117] 陈江美，吴尊华，张丽利. 鄂西“旅游扶贫”发展战略[J]. 安徽农业科学，2010，38（13）：6961—6963+6983.

[118] 赵晓芳. 非政府组织的界定及其参与扶贫的战略分析 [J]. 兰州学刊，2010（4）：77—80.

[119] 郑智峰. 农村小额信贷——扶贫与可持续发展研究 [J]. 中国农业银行武汉培训学院学报，2010（1）：21—23.

[120] 刘进宝，王艳华，方少勇，等. 中国欠发达地区贫困现状及扶贫对策分析 [J]. 北京林业大学学报（社会科学版），2009，8（4）：164—168.

[121] 周孟亮，李明贤. 小额信贷扶贫与财务可持续性：作用机制与协调发展研究 [J]. 上海经济研究，2009（9）：53—60.

[122] 余劲，陈杰. NGO与政府扶贫项目合作的博弈分析 [J]. 农村经济，2009（8）：15—18.

[123] 李松志，熊云明，何广，等. 基于系统论的江西红色旅游扶贫运行机制探析 [J]. 经济研究导刊，2009（22）：126—128.

［124］向德平，姚霞．社会工作介入我国反贫困实践的空间与途径［J］．教学与研究，2009（6）：22—26．

［125］杨小柳．地方性知识与扶贫策略——以四川凉山美姑县为例［J］．中南民族大学学报（人文社会科学版），2009，29（3）：39—44．

［126］陕立勤，KangShou Lu．对我国政府主导型扶贫模式效率的思考［J］．开发研究，2009（1）：152—155．

［127］杨立雄，吴伟．中国残疾人扶贫政策的演变与评价［J］．湖南师范大学社会科学学报，2009，38（1）：12—17．

［128］魏小安，李劲松．试论旅游扶贫［J］．当代经济，2009（1）：98—99．

［129］韩俊魁．农民的组织化与贫困农村社区的可持续发展——以社区主导型发展试点项目为例［J］．北京师范大学学报（社会科学版），2008（5）：138—145．

［130］熊云明，李松志．红色旅游扶贫的理论梳理及实践意义［J］．老区建设，2008（14）：21—23．

［131］李永祥．现代化对彝族土掌房的冲击——云南丕且莫村的案例［J］．民族研究，2008（3）：61—70＋109．

［132］李菊兰．关于非政府组织扶贫方式的探讨［J］．陕西农业科学，2008（3）：188—191．

［133］陈美招，杨罗观翠．理性选择与贫困缓解——基于国际NGO教育扶贫行为的分析［J］．福建师范大学学报（哲学社会科学版），2008（2）：157—161＋172．

[134] 姜爱华．我国政府开发式扶贫资金投放效果的实证分析[J]. 中央财经大学学报，2008 (2)：13—18.

[135] 方黎明，张秀兰．中国农村扶贫的政策效应分析——基于能力贫困理论的考察 [J]. 财经研究，2007 (12)：47—57.

[136] 曹洪民．扶贫互助社：农村扶贫的重要制度创新——四川省仪陇县“搞好扶贫开发，构建社会主义和谐社会”试点案例分析 [J]. 中国农村经济，2007 (9)：72—76.

[137] 郭剑平．从尤努斯的穷人银行反思中国的农户小额信贷制度 [J]. 商业研究，2007 (9)：146—149.

[138] 赵慧珠．如何突破中国农村反贫困政策的瓶颈 [J]. 北京行政学院学报，2007 (4)：78—81.

[139] 余祖光．终身教育背景下职业教育的扶贫助困功能 [J]. 北京大学教育评论，2007 (3)：23—27+187—188.

[140] 陈元．农村扶贫中非政府组织 (NGO) 的参与 [J]. 农业经济，2007 (6)：3—5.

[141] 庞庆明．论当代中国农民贫困新特点与民间组织参与式扶贫 [J]. 甘肃理论学刊，2007 (2)：83—86.

[142] 汪三贵．中国的农村扶贫：回顾与展望 [J]. 农业展望，2007 (1)：6—8.

[143] 万俊毅，赖作卿，欧晓明．扶贫攻坚、非营利组织与中国农村社会发展 [J]. 贵州社会科学，2007 (1)：35—39.

[144] 钱宁．农村发展中的新贫困与社区能力建设：社会工作的视角 [J]. 思想战线，2007 (1)：20—26.

[145] 陈超阳．我国社会弱势群体的社会救助现状和对策分析[J].理论月刊，2006（S1）：138—139.

[146] 韩俊魁．境外在华扶贫类NGO的典型案例：世界宣明会永胜项目十年[J]. 学会，2006（11）：7—10.

[147] 刘纯彬．我国贫困人口标准再探讨[J]. 人口研究，2006（6）：15—22.

[148] 武继兵，邓国胜．政府与NGO在扶贫领域的战略性合作[J]. 理论学刊，2006（11）：57—58.

[149] 唐绍祥．扶贫的机制设计与制度选择[J]. 经济地理，2006（3）：443—446+455.

[150] 余利民．我国农村小额信贷发展研究[J]. 华东经济管理，2006（5）：58—60.

[151] 梅迪．农村小额信贷发展问题与对策研究[J]. 社会科学辑刊，2006（3）：121—123.

[152] 曾富生，朱启臻．整村搬迁移民扶贫中存在的问题及对策[J]. 西北农林科技大学学报（社会科学版），2006（3）：9—13.

[153] 李戎戎．旅游扶贫在构建民族地区和谐社会中的重要作用——以白族地区为例[J]. 经济问题探索，2006（3）：149—151.

[154] 陈维佳．论非政府组织在扶贫领域的优势[J]. 贵阳金筑大学学报，2005（4）：13—15.

[155] 王骏．消除贫困与农村人力资源开发——兼论中国扶

贫体制的改革与创新［J］．经济问题探索，2005（11）：128—130.

［156］王双正．我国农村小额信贷问题研讨述评［J］．现代经济探讨，2005（11）：72—76.

［157］李小云，张雪梅，唐丽霞．我国中央财政扶贫资金的瞄准分析［J］．中国农业大学学报（社会科学版），2005（3）：1—6.

［158］刘志文．21世纪扶贫战略新思考［J］．农业经济问题，2005（8）：9—14＋79.

［159］黄特军．扶贫自愿性移民搬迁模式效果评价［J］．统计与决策，2005（12）：35—37.

［160］朱玲．决定社会融合的经济因素——来自四川省阿坝州农牧区的调查［J］．中国人口科学，2005（2）：24—34＋97.

［161］肖晓．论西部地区旅游扶贫［J］．软科学，2004（6）：77—79.

［162］王冠．反贫困与农村扶贫开发综述［J］．长江工程职业技术学院学报，2004（4）：70—72.

［163］韩峥．脆弱性与农村贫困［J］．农业经济问题，2004（10）：8—12＋79.

［164］李辉．实现小额信贷可持续发展的思考［J］．辽宁大学学报（哲学社会科学版），2004（5）：55—59.

［165］杜晓山．中国农村小额信贷的实践尝试［J］．中国农村经济，2004（8）：12—19＋30.

［166］孟志中，陈占安．邓小平农民脱贫致富思想［J］．当代中国史研究，2004（4）：72—79＋126—127．

［167］郭为，黄卫东，汤斌．改革开放以来鄂西北旅游发展与扶贫的可行性：一些发现和解释［J］．旅游学刊，2004（3）：27—31．

［168］胡连生，杨玲．当前我国贫富差距状况及解决对策［J］．学术交流，2004（4）：108—112．

［169］胡锡茹．云南旅游扶贫的三种模式［J］．经济问题探索，2003（5）：109—111．

［170］曹洪民．中国农村扶贫模式研究的进展与框架［J］．西北人口，2002（4）：2—6．

［171］曲天军．非政府组织对中国扶贫成果的贡献分析及其发展建议［J］．农业经济问题，2002（9）：27—30．

［172］洪大用．中国民间组织扶贫工作的初步研究［J］．江海学刊，2002（2）：100—105．

［173］周歆红．关注旅游扶贫的核心问题［J］．旅游学刊，2002（1）：17—21．

［174］张遵东．贵州民族地区旅游资源的开发与旅游扶贫［J］．贵州大学学报（社会科学版），2001（6）：36—42．

［175］蔡昉，陈凡，张车伟．政府开发式扶贫资金政策与投资效率［J］．中国青年政治学院学报，2001（2）：60—66．

［176］李晓宁，高晓春．突破贫困恶性循环的“怪圈”［J］．西北农林科技大学学报（社会科学版），2001（1）：75—78．

[177] 贾芳．对旅游扶贫的再思考 [J]. 甘肃社会科学，2000（2）：81—82.

[178] 傅晨，狄瑞珍．贫困农户行为研究 [J]. 中国农村观察，2000（2）：39—42+80.

[179] 方青．论我国社会救助制度的改革 [J]. 安徽师范大学学报（人文社会科学版），1999（4）：3—5.

[180] 邓祝仁，程道品．旅游扶贫亟待解决的若干问题 [J]. 社会科学家，1998（2）：3—5.

## 四、外文期刊

[1] James Peter，Arcaya Mariana C，Parker Devin M，Tucker—Seeley Reginald D，Subramanian S V. Do minority and poor neighborhoods have higher access to fast—food restaurants in the United States? [J]. Health & place，2014，29.

[2] Nahmias R. Women in PovertyConsiderations for Occupational Therapy. [J]. Work（Reading，Mass.），1994，4（4）.

[3] Menon Jaideep，Vijayakumar N，Joseph Joseph K，David P C，Menon M N，Mukundan Shyam，Dorphy P D，Banerjee Amitava. Below the poverty line and non—communicable diseases in Kerala：The Epidemiology of Non—communicable Diseases in Rural Areas（ENDIRA）study. [J]. International journal of cardiology，2015，187.

[4] Cidade Elívia Camurça, Moura James Ferreira, Nepomuceno Bárbara Barbosa, Ximenes Verônica Morais, Sarriera Jorge Castellá. Poverty and fatalism: Impacts on the community dynamics and on hope in Brazilian residents. [J]. Journal of prevention & intervention in the community, 2016, 44 (1) .

[5] Hernandez Daphne C, Pressler Emily. Accumulation of childhood poverty on young adult overweight or obese status: race/ethnicity and gender disparities. [J]. Journal of epidemiology and community health, 2014, 68 (5) .

[6] Heidary Fatemeh, Gharebaghi Reza. Ideas to assist the underprivileged dispossessed individuals. [J]. Medical hypothesis, discovery and innovation in ophthalmology, 2012, 1 (3) .

[7] aicedo Beatriz, Berbesi Fernández Dedsy. [Self－rated health in adults: influence of poverty and income inequality in the area of residence]. [J]. Gaceta sanitaria / S. E. S. P. A. S, 2015, 29 (2) .

[8] Hick Rod. Three perspectives on the mismatch between measures of material poverty. [J]. The British journal of sociology, 2015, 66 (1) .

[9] Wittenauer James, Ludwick Ruth, Baughman Kristin, Fishbein Rebecca. Surveying the hidden attitudes of hospital nurses' towards poverty. [J]. Journal of clinical nursing, 2015, 24 (15－16) .

［10］ Coulon Sandra M，Wilson Dawn K，Alia Kassandra A，Van Horn M Lee. Multilevel Associations of Neighborhood Poverty，Crime，and Satisfaction With Blood Pressure in African－American Adults. ［J］. American journal of hypertension，2016，29 (1) .

［11］ Kakinami Lisa，Barnett Tracie A，Séguin Louise，Paradis Gilles. Parenting style and obesity risk in children. ［J］. Preventive medicine，2015，75.

［12］ Beck－Sague Consuelo M，Arrieta Alejandro，Pinzon－Iregui M Claudia，Ortiz Benjamin，Dean Andrew G，Cuddihy Andrew，Gasana Janvier. Trends in Racial and Ethnic Disparities in Childhood Asthma in Miami，Florida：2005－2013. ［J］. Journal of immigrant and minority health，2017.

［13］ Feierabend D，Walter J，Kalff R，Reichart R. ［Pain and poverty］. ［J］. Schmerz（Berlin，Germany），2017.

［14］ Green Michael J，Stritzel Haley，Smith Chelsea，Popham Frank，Crosnoe Robert. Timing of poverty in childhood and adolescent health：Evidence from the US and UK. ［J］. Social science &amp；medicine（1982），2017，197.

［15］ Silverman Kenneth，Holtyn August F，Jarvis Brantley P. A potential role of anti－poverty programs in health promotion. ［J］. Preventive medicine，2016，92.

［16］ Damaske Sarah，Bratter Jenifer L，Frech Adrianne. Single mother families and employment, race, and poverty in changing economic times. [J]. Social science research, 2017, 62.

[17] Dos Santos Beatriz Ferraz, Madathil Sreenath, Zuanon Angela Cristina Cilense, Bedos Christophe, Nicolau Belinda. Brazilian Dental Students' Attitudes About Provision of Care for Patients Living in Poverty. [J]. Journal of dental education, 2017, 81 (11).

[18] Deaton Angus. Where in the world is the world heading? [J]. Journal of policy modeling, 2017, 39 (4).

[19] Oh Sehun, Salas—Wright Christopher P, Vaughn Michael G. Trends in depression among low—income mothers in the United States, 2005—2015. [J]. Journal of affective disorders, 2018, 235.

## 五、网页资料

[1] 精准发力打赢“十三五”脱贫攻坚战 [EB/OL]. (2017—03—29). http://www.sohu.com/a/130945318498802.

[2] 新华网. 脱贫攻坚工程——习近平与“十三五”十八大工程 [EB/OL]. (2015—12—14). http://news.xinhuanet.com/politics/2015—12/14/c—128529260.html.

[3] 新华社. 习近平在银川主持召开东西部扶贫协作座谈会并发表重要讲话 [EB/OL]. (2016—07—21). http://

news. xinhuanet. com/politics/2016－07/21/c－1119259129. html.

[4] 新华网．习近平：更好推进精准扶贫精准脱贫 [EB/OL]．(2017－02－22)．http：//news. xinhuanet. com/2017－02/22/c1120512737. html.

[5] 人民网．扶贫开发需要做到“十明” [EB/OL]．(2015－11－06)．http：//theory. people. com. cn/n/2015/1116/c40537－27820925. html.

[6] 人民网．胡锦涛在中国共产党第十八次全国代表大会上的报告 [EB/OL]．(2011－11－08.) http：//cpc. people. com. cn/n/2012/1118/c64094－19612151－2. html.

[7] 习近平在部分省区市党委主要负责同志座谈会上强调谋划好“十三五”时期扶贫开发工作确保农村贫困人口到 2020 年如期脱贫 [EB/OL]．(2015－06－20) (2016－01－22)．http：//culture. gmw. cn/newspaper/2015－06/20/content－107423603. htm.

[8] 扶贫攻坚再啃“硬骨头”　实施精准扶贫增强内生动力 [EB/OL]．(2014－08－14) (2016－04－01)．http：//www. he. xinhuanet. com/news/2014－08/14/c _ 1112069088. htm.

[9] 新华社．习近平在云南考察工作时强调：坚决打好扶贫开发攻坚战 [EB/OL]．(2015－01－21)．http：//www. gov. cn/xinwen/2015－01/21/content _ 2807769. htm.

[10] 中国农村扶贫开发纲要 (2001—2012 年)．胡锦涛：广泛动员社会力量加快扶贫开发进程 [EB/OL]．(2005－05－28)．http：//news. xinhuanet. com/newscenter/2005－05/28/content

3014538. html.

［11］中共中央关于构建社会主义和谐社会若干重大问题的决定［EB/OL］.（2006－10－18）. http：//politics. people. com. cn/GB/1026/4932440. html.

## 六、报纸

［1］王德刚．旅游精准扶贫为世界提供中国经验［N］. 中国旅游报，2018—09—17（3）.

［2］周勇刚．推动“万企帮万村”精准扶贫行动纵深发展［N］. 中华工商时报，2018—08—30（6）.

［3］王璐．让金融精准扶贫措施真正落地［N］. 金融时报，2018—08—20（11）.

［4］沈费伟．客观看待精准扶贫中的技术治理［N］. 中国社会科学报，2018—06—06（6）.

［5］陈廷亮．十八洞村：走出以精准扶贫为依托的内生性发展之路［N］. 中国民族报，2018—03—30（6）.

［6］熊玉霞．恩施旅游精准扶贫的互联网路径［N］. 中国旅游报，2018—03—20（3）.

［7］刘合光．推进精准扶贫与扶志扶智深度结合［N］. 中国社会科学报，2018—02—22（1）.

［8］马峰．深入推进可持续精准扶贫［N］. 经济日报，2018—01—08（15）.

［9］李正跃．高校参与精准扶贫的模式探析［N］. 云南日报，

2017—06—21（12）.

［10］方堃．如何引导社会组织参与民族地区精准扶贫［N］．中国民族报，2017—04—21（6）.

［11］谷吉华．找准党建工作与精准扶贫的结合点［N］．云南日报，2017—03—24（8）.

［12］杨云．习近平总书记精准扶贫思想与顺利实现云南全面脱贫［N］．云南日报，2017—03—24（8）.

［13］梁强．发展低碳产业是民族地区精准扶贫的重要途径［N］．中国民族报，2017—01—13（7）.

［14］陈贝．探讨精准扶贫问题兼具理论价值和现实意义［N］．中国民族报，2017—01—06（6）.

［15］马勇．准确把握旅游精准扶贫内涵［N］．中国旅游报，2017—01—04（3）.

［16］中央党校精准扶贫智库课题组．精准扶贫战略实施中的难点与对策［N］．学习时报，2016—12—15（5）.

［17］胡志毅．全域旅游的精准扶贫机制分析［N］．中国旅游报，2016—10—04（3）.

［18］郑震．以法治思维和法治方式推动精准扶贫工作［N］．光明日报，2016—06—18（7）.

［19］王琦．科学把握精准扶贫的三个阶段［N］．光明日报，2016—06—15（13）.

［20］科学总结双联经验　助推精准扶贫实践　全省扶贫贯彻中央扶贫工作会议精神推进双联与精准扶贫深度融合理论研讨会

发言摘登 [N]. 甘肃日报，2015—12—10 (11) .

[21] 肖莺子. 认真贯彻落实习近平总书记重要讲话精神　举全市之力打赢精准扶贫攻坚战 [N]. 钦州日报，2015—10—17 (1) .

[22] 彭清华. 攻坚五年　圆梦小康　举全区之力打赢精准扶贫攻坚战 [N]. 广西日报，2015—10—13 (1) .

[23] 周芳. 精准扶贫的经济学思考 [N]. 湖北日报，2015—09—30 (6) .

[24] 精准扶贫精准脱贫的动员令和路线图——王奋彦解读市委、市政府《关于扎实推进精准扶贫精准脱贫工作的实施意见》[N]. 平凉日报，2015—08—07 (2) .

[25] 陈伟. 在全市精准扶贫精准脱贫工作会议上的讲话 [N]. 平凉日报，2015—06—29 (1) .

[26] 习近平. 携手消除贫困促进共同发展——在2015减贫与发展高层论坛的主旨演讲 [N]. 人民日报，2015—10—17 (1) .

[27] 胡锦涛. 在省部级领导干部研讨班上的讲话 [N]. 人民日报，2005—6—27 (1) .

[28] 李军. 把扶贫开发作为“第一民生工程”抓紧做实——在省委中心组学习读书会上的发言 [N]. 贵州日报，2014—04—29 (1) .

[29] 中办国办印发《关于创新机制扎实推进农村扶贫开发工作的意见》[N]. 人民日报，2014—01—26 (1) .

[30] 韩广富．国际反贫困经验及其对我省的启示 [N]．吉林日报，2014—10—17（5）．

[31] 土高贺．精准扶贫思想内涵深刻 [N]．中国社会科学报，2016—11—24（1）．

[32] 李云龙．中国减贫行动的国际意义 [N]．经济日报，2016—10—18（12）．

## 七、硕博论文

[1] 刘天琦．我国农村财政扶贫资金投入与运行机制的优化问题研究 [D]．北京：首都经济贸易大学，2018.

[2] 武沁宇．中国共产党扶贫理论与实践研究 [D]．长春：吉林大学，2017.

[3] 郝涛．习近平扶贫思想研究 [D]．长沙：湖南大学，2017.

[4] 庄曙光．精准扶贫政策执行偏差问题研究 [D]．深圳：深圳大学，2017.

[5] 滕稳稳．贵州农村电商扶贫模式研究 [D]．贵阳：贵州民族大学，2017.

[6] 赵佳佳．当代中国社会组织扶贫研究 [D]．长春：吉林大学，2017.

[7] 汤轩．农业保险的精准扶贫效率研究 [D]．蚌埠：安徽财经大学，2017.

[8] 高悦竹．农村教育精准扶贫问题研究 [D]．长春：吉林

财经大学，2017.

[9] 李鹏杰．精准扶贫视角下财政专项扶贫资金绩效审计评价指标体系构建 [D]. 昆明：云南财经大学，2017.

[10] 李丹．精准扶贫视域下地方政府政策执行研究 [D]. 兰州：甘肃农业大学，2017.

[11] 李海燕．社会工作介入文化扶贫 [D]. 合肥：安徽大学，2017.

[12] 涂思．湖北省农村金融扶贫体系研究 [D]. 武汉：武汉大学，2017.

[13] 苗军．新时代精准扶贫精准脱贫基本方略与南疆四地州扶贫研究 [D]. 喀什：喀什大学，2017.

[14] 张琪烽．河南省精准扶贫方式研究 [D]. 郑州：郑州大学，2017.

[15] 康芳泉．十八大以来中国共产党精准扶贫思想研究 [D]. 武汉：华中师范大学，2017.

[16] 汪海娟．太湖县精准扶贫实践中的问题与对策研究 [D]. 合肥：安徽大学，2017.

[17] 陈文文．我国农村精准扶贫困境研究 [D]. 合肥：安徽大学，2017.

[18] 张丽杰．县级政府精准扶贫政策执行问题研究 [D]. 郑州：郑州大学，2016.

[19] 郗凤芹．新时代精准扶贫精准脱贫基本方略研究 [D]. 杭州：浙江财经大学，2017.

[20] 范宝亮．我国农村精准扶贫存在的问题及对策分析[D]. 济南：山东师范大学，2016.

[21] 伏晓利．固原市金融支持农村精准扶贫的困境及对策研究 [D]. 西安：西北农林科技大学，2016.

[22] 符悠悠．马克思主义贫困理论与农村扶贫的路径选择研究 [D]. 南昌：东华理工大学，2016.

[23] 胡柳．乡村旅游精准扶贫研究 [D]. 武汉：武汉大学，2016.

[24] 刘牧．当代中国农村扶贫开发战略研究 [D]. 长春：吉林大学，2016.

[25] 张岩．我国精准扶贫政策的困境及对策研究 [D]. 南宁：广西大学，2016.

[26] 涂乐．江西省永丰县农村精准扶贫对策研究 [D]. 南昌：江西农业大学，2016.

[27] 段妍珺．贵州省精准扶贫绩效研究 [D]. 贵阳：贵州大学，2016.

[28] 罗玉玮．我国农村扶贫开发问题及其对策研究 [D]. 沈阳：沈阳师范大学，2016.

[29] 孙晗霖．连片特困地区财政扶贫绩效评价及影响因素研究 [D]. 重庆：西南大学，2016.

[30] 潘帅．新常态下我国精准扶贫工作机制研究 [D]. 石家庄：河北师范大学，2016.

[31] 黎沙．我国精准扶贫的实践困境及对策研究 [D]. 南

京：南京大学，2016.

[32] 胡正天．湖北省插花贫困地区精准扶贫研究 [D]. 武汉：湖北省社会科学院，2016.

[33] 程竹．云南省农村电子商务扶贫的问题及对策研究 [D]. 昆明：云南农业大学，2016.

[34] 唐婷．习近平的扶贫思想研究 [D]. 长沙：湖南中医药大学，2016.

[35] 陈春祥．黔西北山区精准扶贫机制与脱贫对策研究 [D]. 贵阳：贵州民族大学，2016.

[36] 陈驰．新时代精准扶贫精准脱贫基本方略及其在毕节试验区的实践研究 [D]. 重庆：西南大学，2016.

[37] 袁坤．整体性治理视角下西部农村地区协同扶贫机制研究 [D]. 武汉：华中师范大学，2016.

[38] 彭丰．精准扶贫背景下的美丽乡村村域规划研究 [D]. 重庆：重庆大学，2016.

[39] 杨智．全面小康目标下甘肃农村反贫困研究 [D]. 兰州：兰州大学，2016.

[40] 张爱琼．农村精准扶贫问题研究 [D]. 昆明：云南财经大学，2016.

[41] 刘聪颖．涪陵区农村精准扶贫现状与对策研究 [D]. 长沙：中南林业科技大学，2015.

[42] 孙璐．扶贫项目绩效评估研究 [D]. 北京：中国农业大学，2015.

[43] 金鑫．当代中国应对自然灾害导致返贫的对策研究[D]．长春：吉林大学，2015.

[44] 龙永华．精准扶贫视域下湘西州农业产业扶贫模式创新研究[D]．吉首：吉首大学，2015.

[45] 邓小海．旅游精准扶贫研究[D]．昆明：云南大学，2015.

[46] 张婷．建档立卡：扶贫政策有效实现的制度基础[D]．武汉：华中师范大学，2015.

[47] 武俊．黔西南州精准扶贫信息系统的分析[D]．昆明：云南大学，2015.

# 后　记

“能用众力，则无敌于天下矣；能用众智，则无畏于圣人矣。”从中华民族优秀传统文化丰富内涵来看，民本思想始终是五千年中华文明的重要标识。同样，从马克思主义理论价值指向来看，唯物史观科学揭示了人类社会发展的客观规律，坚定认为人民群众是推动社会发展的主体力量，是创造人类历史的真正主人。习近平总书记站在时代历史发展高度深刻指出，人民是历史的创造者，群众是真正的英雄。人民群众是我们力量的源泉。历史发展已经深刻证明，全心全意为人民服务是中国共产党区别于其他一切政党的根本标志，人民性是中国共产党最鲜明的底色。无论是过去还是现在将来，党和国家一切工作的出发点和落脚点就是为了实现好、维护好、发展好最广大人民的根本利益，就是为了创造更多民生福祉，就是为了满足人民群众对美好生活的需要。群众利益无小事，一枝一叶总关情。我们把群众当“亲人”，群众才会把我们看成“自己人”“贴心人”；我们拿亲属当“贵人”，群众就会把我们当作“路人”“生人”。正是我们党无论在任何时期任何条件下，始终心系人民、服务人民，始终与人民群众同呼吸、共命运，始终和人民想到一起、干在一起，脱贫攻坚战才能够取得世所罕见、彪炳史册的伟大成就。

中国特色社会主义进入新时代，人民日益增长的美好生活需要呈现出一系列新变化、新特点和新特征，经济多层化、思想多元化、诉求多样化、信息多维化日益明显，给增进民生福祉、深化综合治理、推动社会和谐带来不小挑战和考验。正所谓，知屋漏者在宇下，知政失者在草野。作为以人民为中心的执政党，顺应民意、纾解民忧、改善民生，始终是检验党的一切工作成效的试金石、检验场和判定尺。2022年，我们将在全面建成小康社会的基础上，做好乡村振兴这篇大文章，做好巩固拓展脱贫攻坚成果同乡村振兴有效衔接，乘势而上全面开启全面建设社会主义现代化国家新征程，努力为人民群众提供更好的教育、更稳定的工作、更满意的收入、更可靠的社会保障、更高水平的医疗卫生服务、更舒适的居住条件、更优美的环境，真正让广大人民群众安居乐业、各美其美，使人民群众的安全感、获得感、幸福感更加真实、更加充实、更加殷实，坚定不移朝着实现第二个百年奋斗目标、为人民群众创造更加美好的生活而阔步前行、继续前进。

历史与现实表明，新时代脱贫攻坚工作不是无源之水、无本之木，更不是凭空产生、独立成派，其产生和发展是马克思主义消除贫困理论逻辑和中国长期扶贫实践历史逻辑的必然，是对古今中外关于反贫困思想的吸收借鉴和开拓创新，是对中国长期扶贫实践的深刻总结和深化拓展。新时代脱贫攻坚在回答新时代扶贫开发一系列重大理论和现实问题中，始终坚持辩证唯物主义、历史唯物主义的原则立场、基本观点和思维方法，蕴含着丰富的深刻哲理，闪耀着马克思主义的哲学光芒。同时，新时代脱贫攻坚中涵盖的精准扶贫、内源式扶贫、合力扶贫、制度扶贫等理念思路，科学回答了反贫困实践中“扶持谁”“谁来扶”“怎么扶”“如何退”等重大问题，深刻揭示了贫困治理规律，具有很强的社会性、现实性、政策性和实践性。习近平总书记指出，脱贫摘帽不是终点，而是新生活、新奋斗的起点，要接续推进全面脱贫与乡村振兴有效衔接，推动减贫战略和工作体系平稳转型，统筹纳入乡村振兴战略，建立长短结合、标本兼治的体制机制。《中共中央关于制定国民经济和社会发展第十四个五年规划和二〇三五年远景目标的建议》中把“实现巩固拓展脱贫攻坚成果同乡村振兴有效衔接”作为当前及今后一段时期做好“三农”工作的重要战略、重要内容和重要方面。因此，围绕巩固脱贫攻坚成果遏止返贫、实现脱贫攻坚与乡村振兴有效衔接这一时代课题，深入开展理论研究、系统总结实践经验、不断完善体制机制，已成为新时代实施乡村振兴战略、做好“三农”工作的题中应有之义、必为之事和勠力之举。

风翻白浪花千片，雁点青天字一行。进入新时代，对中国共产党而言，就要站在世界历史发展的制高点上，在掌握世界发展的最新趋势、最新动态、最新技术基础上，在把握世界格局变动、积极参与全球治理中，推进和发展中国特色社会主义，为中国人民谋幸福、为中华民族谋复兴、为人类谋和平与发展。面对全面实现现代化目标任务，我们要在全面建成小康社会基础上，深刻认知中国现实国情基础上，善于结合世界大势和时代特征，从世界历史发展的视野格局认识、分析和把握关系中国特色社会主义发展的关键性、全局性、战略性问题，以中国自身发展更好地为人类和平发展事业做贡献。因此，我们想问题、办事情、做决策，既要立足于中国现实国情和发展阶段，将中国经济社会发展与世界经济政治发展格局有机对接，以充分体现“中国向度”；又必须具有世界历史眼光，将中国经济社会发展置于全球化视野和人类文明进程中加以关照和把握，以充分体现“世界向度”。总之，中国将以脱贫事业的历史性成就、实现现代化建设目标任务的宏伟愿景，努力为构建人类命运共同体作出应有贡献。

世图心理

博客：http://blog.sina.com.cn/bjwpcpsy
微博：http://weibo.com/wpcpsy